Das Buch

Männer haben nur noch einen Freund – ihren Rasenmäher, nordic-walkende Frauen stelzen durch den Park, alle Kinder sind plötzlich hochbegabt: Deutschland ist am Aschermittwoch seiner eigenen Geschichte angelangt. Sieht so der Weltuntergang aus oder gibt es noch Hoffnung? Dietmar Wischmeyer zeigt uns in seinem *Deutschbuch der Bekloppten & Bescheuerten* den Ausweg in die Sackgasse, und wir dürfen dabei sogar lachen.

Der Autor

Dietmar Wischmeyer, Radiomacher, Autor und Kolumnist, zählt zu den erfolgreichsten Protagonisten der deutschen Humorwirtschaft. Er erfand das legendäre Frühstyxradio, schuf die beliebte Comedy-Serie »Der kleine Tierfreund« und tourt jedes Jahr mit wechselnden Programmen durch Deutschland. Er lebt im Landkreis Schaumburg in Niedersachsen.

Von Dietmar Wischmeyer sind in unserem Hause
bereits erschienen:

Deutsche sehen dich an
Die bekloppte Republik
Das Schwarzbuch der Bekloppten und Bescheuerten
Das Paradies der Bekloppten und Bescheuerten
Eine Reise durch das Land der Bekloppten und Bescheuerten
Zweite Reise durch das Land der Bekloppten und Bescheuerten

Dietmar Wischmeyer

Das Deutschbuch

der Bekloppten &
Bescheuerten

Ullstein

Besuchen Sie uns im Internet:
www.ullstein-taschenbuch.de

Lizenzausgabe im Ullstein Taschenbuch
1. Auflage Januar 2012
© 2005 Lappan Verlag GmbH
Umschlaggestaltung: semper smile, München
Titelabbildung: © Daniel Laflor / iStockphoto
Satz: LVD GmbH, Berlin
Gesetzt aus der Adobe Garamond Pro
Papier: Pamo Super von Arctic Paper Mochenwangen GmbH
Druck und Bindearbeiten: CPI – Ebner & Spiegel, Ulm
Printed in Germany
ISBN 978-3-548-37376-8

Die Bekloppten

Guten Tag
und auf Wiedersehen

»Guten Morgen, Männer«, hieß die klassische deutsche Begrüßungsformel. Will sagen, Frauen wurden sowieso nicht gegrüßt und bis mittags hatte man alle schon mal gesehen. Heute schwäbelt stattdessen ein »Hallöle« aus der Kulisse und man weiß nicht, ob man gleich brechen oder erst dem Grüßer eins aufs Maul zimmern soll. Der schwäbische Diminutivwahn hat auch in seiner hochdeutschen Lehnsübersetzung nichts an Ekel eingebüßt: »Tagchen« sagt wahrscheinlich schon der Spieß, wenn er morgens vor die Kompanie tritt. Der Kuschelterror hat nämlich längst die Weicheierreservate in Medien und Werbung verlassen. »Tschüssi« oder »Tschaui« flötet es aus jeder Ritze, denn alles ist so putzig und so niedlich im Land der Bekloppten. Als ich kürzlich auf der Straße sogar ein »Schalömchen« hören musste, gings anschließend mit dem Essigreiniger durch die Löffel. Wann säuselt der Neonazi sein »Heil Hitlerchen« und gibt damit zu verstehen: Ey, du, irgendwo bin ich auch total verletzlich?

Die Feminisierung der Gesellschaft macht vor keinem Halt. Vorbei die Zeit, da man seinem Kumpel zur Begrüßung die Pranke aufs Schulterblatt dröhnte mit den Worten »Egon, altes Scheißhaus« – und damit den höchsten Grad zwischenmännlicher Herzlichkeit erreichte. Heute wird selbst im außerschwulischen Bereich gebusselt und gestandene Betonfacharbeiter nehmen sich in den Arm. Auf der Strecke blieb der typisch deutsche Händedruck, einst ersonnen, um sicherzustellen, dass keine Faustwaffe mitgeführt

*Die neue Seniorenresidenz lag inmitten lieblicher Landschaft.
Nur Hunde ahnten, was tatsächlich darin vorging.*

wurde. Viele Hände schütteln nur noch Politiker, wenn sie Sex mit ihren Wählern antäuschen. Der Normodeutsche hatte sich seinerzeit eine Ersatzhandlung ausgedacht, mit der er vermied, den Handschweiß Dutzender an sich aufzunehmen. Dazu klopfte er dreimal mit den Knöcheln der rechten Hand auf eine hölzerne Tischplatte und sagte: »Ich mach mal so.«

Ich weiß gar nicht, wie die Kuscheltruppe das Problem der Dutzendabfertigung löst. Wird da ein tapferes »Hallöchen, Mädels« in die Runde gefistelt oder muss jedes anwesende Exemplar geherzt und abgeliebelt werden?

Auch in der Verabschiedung ist Freund Zeitgeist nicht untätig geblieben. »Auf Wiedersehen« sagt niemand mehr, »Halt die Ohren steif« nicht mal der Patenonkel. Was bleibt ist ein frech gelogenes »Wir telefonieren«, wenn man sich zu einem »Schalömchen« dann doch nicht durchringen mag.

Weltkulturerbe Betonmatte
Die Frisuren der Busfahrer

Wieder einmal gilt es einen herben Verlust deutscher Kultur zu beklagen: Die Busfahrerfrisur stirbt aus! Noch bis vor kurzem konnte man dieses Bild täglich vor den Autobahnraststätten und Landgasthöfen besichtigen: Ein Neoplan-Euroliner mit Bordtoilette biegt auf den Hof, mit lautem Druckluftzischen öffnet sich die rechte Tür und ein Mann in weinroter Weste oder weißer Strickjacke tritt heraus. Routiniert greift er in seine Gesäßtasche, holt einen Plastikkamm hervor und zieht die Stromlinienmähne auf Passung.

Als würde sich der C_W-Wert des quadrigen Rentnerkoffers merklich reduzieren, trugen alle Busfahrer wie abgesprochen die gleiche Windkanalfrisur. Vom Finish her dem Kotflügel eines Sportwagens nachgebildet, saß der Fahrerhelm auf dem Kettenraucherschädel. Keinem einzelnen Haar war es erlaubt, den strengen Verband des Betonschopfes zu verlassen. Die chemische Formel dieses Zusammenhaltes werden die letzten alten Setrapiloten mit ins Grab nehmen. War es Zuckerwasser, verdünntes Pattex oder nur eigenes Kopfhautsekret, das aus einem Wischmopp dieses perfekte Formteil schuf? Wovon die Reklametussis der Allwetter-Taft-Werbung nur träumen konnten, beim Busfahrer wurde es Gestalt: Ob am Grab von Hermann Löns, in der Rüdesheimer Drosselgasse oder im Schweinepark Soltau: Die Frisur saß immer perfekt.

Zischend öffnet sich die Tür des Niederflur-Stratoliners, ein Mann Mitte fünfzig zieht die Trevirahose über den Bieräquator, schiebt sich eine Ernte 23 in den Mundwinkel und holt den Stielkamm aus der Gesäßtasche: Das ist die deutsche Antwort auf Clint Eastwood, wenn er den Saloon betritt.

Busfahrer hatten es nicht nötig, sich wie ihre schmuddeligen Vettern aus den Lastwagen einen doofen Ami-Namen zuzulegen. Sie sind keine Trucker, haben kein dämliches »Manfred«-Schild hinter der Scheibe und auch keine Lichterkette. Sie haben ihre Betonfrisur und wenn sie die Rastanlage betreten, weiß jeder sofort, wer sie sind. Doch die graumelierten Helme werden seltener vor den Autohöfen, es wird Zeit für das Weltkulturerbe Deutsche Busfahrerfrisur.

Schwuppdiwupp, weg sind se
Kleine Fluchten der Frauen

Wohin verschwinden eigentlich die Frauen, wenn man sich im Kaufhaus einmal kurz umdreht? Die männliche Begleitung durchstreift ergebnislos die Regalschluchten, guckt hinter jeden Kleiderständer – nirgends auch nur eine Spur. Erdzeitalter später tauchen sie dann an einer gänzlich unvermuteten Stelle wieder auf.

Szenenwechsel: Trippeln von einem Fuß auf den anderen, Blicke auf die Uhr, nervöses Rauchen, tiefes Ausatmen: Ein Mann steht vor der Damentoilette. Was zum Teufel kann man dort nur so lange treiben? Die weibliche Urinalanatomie ist so verschieden nun auch wieder nicht vom männlichen Upgrade, als dass man achtmal so lange in der Strullbude verbringen müsste. Gibt es dort, im kleinsten Frauenhaus der Welt, etwa eine Tür ins weibliche Paralleluniversum, einen geheimen Einstieg in eine Zwischenwelt, die Männern auf ewig verschlossen bleibt? Und wo ist die entsprechende Tür im Kaufhaus?

Selbst auf dem Bürgersteig, in aller Öffentlichkeit, gelingt es einer Frau urplötzlich abzutauchen. Männer ohne Rückspiegel am Revers sehen sich dauernd ihrer Begleitung beraubt, wenn sie nur einen Moment unaufmerksam sind. Zack, isse weg! Vom Schuhständer verschluckt, in der Wäsche-Auslage abgesoffen? Nirgends zu sehen! Da stehen sie dann vor den Schaufenstern der Waffenhändler, der Modellflugzeugläden und Handygeschäfte – die verlassenen Männer. Plötzlich macht es pling und die zauberhafte Jeannie ist aus ihrer Parallelwelt zurückgekehrt.

Was geschieht dort im Land, das nur die Frauen kennen? Werden dort pausenlos Arztserien gezeigt? Gibt es dort eine Handbibliothek mit allen Brigitte-Ausgaben? Männer werden es nie erfahren, sie lungern weiter vor den Kaufhauseingängen, Damentoiletten oder Messerschaufenstern herum, nicht ahnend, wohin sich Madame schon wieder verpisst hat.

Es sind die unendliche Gutmütigkeit und Geduld des Mannes, die den Frauen ihre kleinen Fluchten erlauben. Wäre es da nicht angebracht, einfach mal ganz spontan Danke zu sagen!?

Ein deutscher Hoffnungsträger
Der Unproduktive

Der Arbeitslose ist eine faule, chipsfressende Sau. Zu blöd um in der Frittenbude die Kotze aufzuwischen.

Das mag ja alles sein, aber er dreht immerhin Däumchen zu Hause und schadet nicht noch zusätzlich dem Gemeinwesen durch seine Bekloppheit. Denn nicht die viereinhalb Millionen Unproduktiven sind das Problem dieser Gesellschaft, sondern die 15 Millionen Kontraproduktiven, die man quer durch alle Branchen in dieser Republik antrifft! Ihr einziges Know-how ist das Wissen um die eigene Beschränktheit, deshalb giften sie gegen jeden Kompetenten, der ihnen womöglich den Platz an der Heizung streitig machen könnte.

Am üppigsten gedeiht die normale Sozialstaatszecke in Verbänden, Gremien, Anstalten, Kammern, Beiräten, Gewerkschaften, Kirchen und wie die Eierschaukler-Paradiese sonst noch heißen. Da verwesen sie bei lebendigem Leib und überlegen sich mit ihrem noch aktiven Resthirn, wie man die Wertschöpfungskette torpedieren kann. Ihr Feind ist alles Lebendige, Fließende, Verändernde. Allein von der Verwaltung und Betreuung der Arbeitslosigkeit nähren sich mittlerweile so viele Parasiten, dass deren Reduktion oder gar Abschaffung ein Desaster im Zeckenpack auslösen würde. Niemand käme auf die Idee, eine Kommission aus beamteten Scharfrichtern über die Todesstrafe urteilen zu lassen. Im Gesundheits-, Renten- oder Sozialsystem stimmen hingegen die Maden über die Wiederbelebung der Leichen ab. Die kontraproduktiven Schmarotzer haben überall vorgesorgt und Metastasen in die Gesetzgebungsorgane vorangetrieben. Drei viertel aller Abgeordneten hat eine Zeckenvergangenheit oder -gegenwart. An den langen Marionettenfäden ihrer Hauptquartiere werden sie durch die Fährnisse der sich verändernden Welt geführt und sorgen dafür, dass alles so scheiße bleibt, wie es ist. Doch was für den einen Scheiße ist, ist für die Sozialstaatsmade der ideale Lebensraum. Drum lob ich mir den Arbeitslosen. Für relativ bescheidenes Salär hält er sein Maul und andere jedenfalls nicht von der Arbeit ab. Warum er sich allerdings noch von den Gewerkschaften vertreten lässt oder gar im Staate noch Hoffnung auf die Beendigung seines Schicksals setzt, das bleibt wohl auf immer ungeklärt.

Der Schlimmste aus dem dreckigen Dutzend

Februar

Ein Monat, der genauso klingt wie das in ihm vorherrschende Wetter. Man schüttelt sich schon beim Aussprechen. Alle Unbill des Jahres hat sich in ihm versammelt: Der Karneval, diese Schande für das ganze Menschengeschlecht, hat sich ausgerechnet den unwirtlichsten Monat des Jahres ausgesucht um draußen auf der Straße rumzukrajohlen. Neben vielem anderen ein schlagender Beweis dafür, dass besonders der Rheinländer schwer einen an der Waffel hat.

Tückisch am »Hornung«, wie die alten Deutschen nicht weniger abschreckend den Februar nannten, sind besonders die schönen Tage zwischendurch. Da suggeriert die Bestie ein aufkeimendes Frühjahr und will uns vergessen machen, dass mit März, April und Mai noch drei weitere Monate Feuchtbiotop auf uns warten. Einzig der Cabriofahrer oder Biker ohne Saisonkennzeichen kann während dieser raren Lichtblicke allen anderen zeigen, was für erbärmliche Weicheier sie doch sind.

Auf ganz andere Weise wirft der Sommer seinen bösen Schatten voraus: In den Zeitungen und Magazinen häufen sich im Februar die Artikel mit den sonnigen Reisezielen und damit reift auch die Angst, dass man seine Winterwampe nicht mehr lange unterm Norwegerpullover verbergen kann. Verdammich! Flugs zum Fitnessfritzen und die Radikalkur gebucht. So genannter »Salat« (Alibigrünzeug mit viel Oli-

Neue Vorgartenplage: Albino-Maulwürfe.

venöl, Nüssen, Putenfleisch und Fladenbrot: 3000 Kcal) beherrscht fortan den Speisezettel, manchmal auch nur zusätzlich zur normalen Mastspeise. Dem Salat an sich wird ja im Deutschen eine geradezu mystische Kraft zugesprochen. Er ist gesund, ist Ausweis modernistischer Weiblichkeit und macht angeblich schlank. Was Wunder, dass im Februar die Salatfresserei geradezu epidemisch um sich greift. Wenn unserer vernieselten Seele noch nach Grünkohl mit fetten Würsten ist, mümmeln die Entscheider und Gutausseher schon wieder Salat.

Auch das werfe ich dem Februar vor. Mir komplett unverständlich ist auch, warum die blöde Amsel schon wieder das Maul aufreißen muss. Es ist kalt, dunkel und feucht – doch wer tiriliert um halb sechs in der Grünfläche rum? Kollege Singdrossel, der Rheinländer unter den Piepmätzen. Der Schneepflug steht noch nicht kalt in der Garage, schon fängt der Lärm im Gebüsch wieder an. Manchmal ist auch der Winter noch mal kurz zu Gast im Februar, dann gehts dem gefiederten Sänger aber an den Kragen und auf der Autobahn hauts den Sommerreifen-Fanatiker an die Planke: ätsch!

Ja, auch der Tod ist gern zu Gast im feuchtfröhlichen Februar; genau wie im November, seinem zweiten Lieblingsmonat. Allerdings senst er zu Jahresbeginn hauptsächlich die jungen Jahrgänge um – am Straßenrand oder auf der Piste. Im November mäht der Schnitter im welken Laub, das dann den Tiefpunkt seines Lebensmutes erreicht hat. Obwohl der Februar ähnlich zu Depressionen Anlass gäbe, grünt die Lebensendfigur erstaunlicherweise wieder durch und pfeift mit der Amsel am Fenster des Seniorenheims ihr Lied. Auch das ist der Februar und wenn wir dereinst in Petrus' Wartezimmer einrücken, werden wir froh darüber sein.

Zicken auf 230 Volt
Die Eitelkeit der Geräte

Niemals, wirklich niemals solle man die Suppe auf dem Herd unbeaufsichtigt vor sich hinsimmern lassen, riet schon Omas altes User-Manual. Denn sobald der üble Bauknecht die Tür ins Schloss fallen hört, legt er noch 'ne Kilowattstunde nach und schmort den Topf zu Brei. Auch die Waschmaschine liebt die Gesellschaft des Menschen. Nur zu gerne rächt sie sich mit Überschwemmungen, wenn sie allein in der Wohnung arbeiten soll. Das alles kommt gelegentlich vor, doch insgesamt sind die alten Geräte treue Vasallen, die uns nicht mit ihren Eitelkeiten auf den Zünder gehen.

Anders ihre Vettern aus der elektronischen Neuzeit. Der Drucker z.B., dieses blöde Schwein, nutzt jede Unaufmerksamkeit seines Herrn, um frech zu werden. Sechzig Seiten müssen ausgedruckt werden, eine schöne Gelegenheit, mal dem ausführlichen, Lektüre unterstützten Stuhlgang zu frönen. Zweihundert Blatt Papier in den Einfüllschacht getan, den Tintenstand überprüft und auf »Drucken« geklickt. Unterwürfig fängt der Schleimer an zu sirren und die erste Seite verlässt anstandslos den Ausgabeschlitz. »Recht so«, murmeln wir zufrieden in den Bart, schnappen uns die Dieter-

Bohlen-Autobiografie und verschwinden aufs WC. Doch kaum schickt sich die erste Analfrucht an, das Rektum zu verlassen, kaum haben wir eine schweinische Stelle bei Penisbruch-Dieter gefunden, da fiept es aus dem Arbeitszimmer, als würde ein Rehkitz über die Sense balbiert. Die Hose auf halb acht, stürzen wir wutentbrannt zum Drucker. Der lässt uns über seinen blöden Freund, den Rechner, mitteilen, es sei kein Papier in ihm drin. Überflüssig zu sagen, dass von den zweihundert aufmunitionierten Blatt noch ca. 198 vorhanden sind. Darum gehts der Kanaille auch gar nicht. Sie will lediglich, dass man ihr beim Werkeln zuschaut. Dazu hat sich das elektronische Kroppzeug allerlei Schikanen überlegt: »Unbekannter Fehler 3498«, »Überprüfen Sie, ob der Strom angeschlossen ist«, »Spermen Sie bitte auf die Escape-Taste«. Da nützt es auch nichts, sich auf leisen Sohlen aus dem Raum zu stehlen. Die Sausäcke kriegen alles mit und treiben bei Abwesenheit sofort ihren Schabernack. Blink. Fiep. Fehler 3498. Selbst so einfache Anforderungen wie »Abschalten auf Befehl« befolgen die Mistviecher besonders dann äußerst ungern, wenn man dringend den Flug in den dreiwöchigen Urlaub erreichen muss und draußen das Taxi wartet. Zack, hängt der Cursor fest und rührt sich nicht. Mutige reißen dann kurzerhand den Stecker aus der Dose und zeigen, wer hier der Herr im Hause ist. Doch drei Wochen später, wenn man ihn wieder anschaltet, den nachtragenden Drecksack, rächt er sich: »Das Gerät wurde beim letzten Mal nicht ordnungsgemäß ausgeschaltet, bitte formatieren Sie die Festplatte neu.« Natürlich könnte man jetzt in den Schuppen gehen, den Fünf-Kilo-Hammer holen und dem Naseweis eins über den Bürzel ziehen, dass die Platinen durch die Stube fliegen. Interessiert so 'n Gerät aber gar nicht, dem ist es scheißegal, ob es lebt oder kaputt ist. In dem Punkt sind sie nämlich gar nicht eitel und uns bis in alle Ewigkeit überlegen.

Straßenbegleitimperative zum Kuscheln
Die neuen Schilder

Der Mensch tut gern das, was er nicht darf. Überall reinlatschen, alles zumüllen und während der Mittagsruhe vorm Altersheim den Auspuff abschrauben. Und weil die meisten zu dämlich sind, aus sich heraus ihr Verhalten sozialverträglich zu gestalten, erfand der Staat die Schilder: »Rasen betreten verboten«, »Nicht in den Wald scheißen«, »Ausfahrt freihalten«. Eindeutige Befehle, die selbst der Blödeste mit etwas Nachdenken begreifen konnte.

Nun kam aber die neue Freundlichkeit über dieses Land und verschwiemelte den einfachen Schilderbefehl: »Nehmen Sie bitte Rücksicht auf Anwohner« steht am Eingang des Biergartens und man weiß gar nicht mehr, was von einem verlangt wird. Keine Scheiben einschlagen? Nicht in die Hauseingänge kotzen? Was denn nun? Die normale Großhirnrinde war mal wieder überfordert und ließ komplett orientierungslos die Sau raus.

Neues EU-einheitliches Verkehrszeichen:
Vorsicht! Lkw-fressende Schlingpflanzen.

»Bitte verlassen Sie diesen Raum so, wie sie selber ihn vorzufinden wünschen« – ein Klassiker unter den total überfordernden Schilder-Anweisungen. Wie naiv muss man sein, um den Hygienemaßstab einer öffentlichen Bedürfnisanstalt an den persönlichen Vorlieben ihrer Benutzer zu formulieren. Ein deutliches »Nicht neben die Schüssel kacken« wäre nach meinen Erfahrungen auf Autobahnparkplätzen angebrachter gewesen.

Aber es sollte noch schlimmer kommen! Das Schild im Samthandschuh steigerte sich in eine vorweggenommene Dankbarkeits-Suada hinein: »Danke, dass Sie das Geschirr abgeräumt haben!« Wieso, hab ich doch noch gar nicht! Und jetzt, so meldet sich sofort der innere Anarcho, mache ichs erst recht nicht, ätsch! »Diese Baustelle besteht bis zum Jahre 2012. Vielen Dank für Ihr Verständnis«, buhlt das Autobahnschild um den geneigten Stauinsassen, der vor Wut ins Lenkrad beißt. »Willkommen auf dem Nichtraucherbahnhof Köln«, trällert die Ansageschlampe nach Einfahrt des ICE, um auf die ganz fiese Art mal gleich klarzustellen, was den Bahnsteig-Quarzer hier erwartet. Und – was erwartet uns bei der nächsten Stufe der Freundlichkeitsoffensive?: »Wir lieben Sie, wenn Sie Ihr Fahrrad nicht an die Mauer lehnen.« – »Dies ist eine Vergewaltigung. Vielen Dank für Ihr Verständnis!«

Politisch korrekt saufen
Die Schorle-Leute

Mit dem Beginn der Sommerzeit erwacht ein Menschenschlag aus dem Winterschlaf des Teetrinkens, der von nun an die Außengastro der Innenstädte verklumpt: Die Schorle-Leute sind wieder da. Alles in ihrem Leben ist halb – geradeso wie ihr Lieblingsgesöff aus gestrecktem Weißwein: Auf die Vollkornschrippe streichen sie die Halbfettmargarine, zur Not gibts mal 'nen entkoffeinierten Milchkaffee und wenn überhaupt, wird Marlboro Ultra geraucht. Bloß nicht die volle Dröhnung an den zarten Körper ranlassen. Bei dessen steter Reparaturanfälligkeit gibts deshalb auch bloß den halben Kram vom Homöopathen. Hat den Halbmenschen dann doch mal eine handfeste Infektion aus dem Verkehr gezogen, nimmt er Antibiotika höchstens auch als Schorle, indem er die Hälfte wegwirft. Gerne wirkt der Homo schorliensis auch in fettreduzierten Berufen wie Lehrer oder anderem Sozialgehampel. Nicht zu verwechseln ist er mit den Light-People, die der Härte ihrer iMac-Jobs durch aggressives Gesundsein entgegentreten. Die Schorle-Leute sind von Natur aus schissig. Bei allem was sie tun im Leben regiert die nackte Angst vor dem Unvorhersehbaren: Sie kriegen keine Kinder, sondern »planen« ihren Nachwuchs, sie haben keinen Sex, sondern eine »erfüllte Beziehung«, sie hauen nicht mal auf die Kacke, sondern haben »tolle Gespräche«. Bei ihren Partys stehen alle in der Küche herum, mit dem Arsch an den Nudelsalat gelehnt und freuen sich auf halb elf, wenn sie nach Hause dürfen. Aus dem Fußballstadion verschwinden sie schon zur Halbzeit, um nicht in den Abreisestau zu geraten. Eine Halbtagsstelle steht an erster Stelle auf der Wunschliste für das persönliche Glück. Das Schorletum ist die bewusste Verneinung des Lebens in seiner Ganzheit.

Schon das Mittelalter kannte unter dem abwertend gemeinten Begriff »Schorlemorle« das verhängnisvolle Mischgetränk aus Weißwein und Wasser. Über die Jahrhunderte sind ähnliche Wörter mit Binnenreim bezeugt, wie etwa Muckefuck, die stets ein verfälschtes oder gestrecktes Lebensmittel bezeichneten. Erst in unserer Zeit legte der Begriff unter Weglassung seines zweiten Wortbestandteils den negativen Beigeschmack ab. Die Schorle wurde zum akzeptierten Getränk der halben Leute. Auch ihr Kollege aus der Welt des gepanschten Bieres, das Alsterwasser, verlor den zweiten Teil des Wortes und erinnert heute nur noch den Hamburger Eingeborenen an die brackige Schlempe seines City-Tümpels. Während andere sommerliche Alk-Mixturen wie Weizenbier-Bananensaft oder Altbier-Cola nie ihren Gruselfaktor ablegen konnten, erreichte die Schorle den Rang des Akzeptierten, wenn nicht Erhabenen. Man denkt dabei nicht an gepanschten Wein, sondern an die vollkommene Vermählung zweier wertvoller Bestandteile. Aus diesem Selbstverständnis der größeren Kultiviertheit heraus, bestellt der Schorle-Mensch auch immer als Letzter in geselliger Runde. Nachdem der doppelte Whisky, das große Pils und der halbe Liter Rioja geordert wurden, fiept es der dahinschwindenden Bedienung hinterher: »Für mich eine Schorle.« Und um die Kultiviertheit noch unerträglicher zu machen, folgt nicht selten: »Aber bitte mit einem trockenen Weißwein.«

Kühlregal der abgelaufenen Liebe
Du und die Wurst

Wenn der Tag mit einem Anschiss anfängt, dann weißt du, dass du nicht allein bist auf der Welt. Neben dir, oft in derselben Wohnung, gibt es eine riesige sprechende Wurst, die der Teufel gesandt hat, um dir in jeder Minute deines kleinen Lebens dessen Erbärmlichkeit vor Augen zu führen. Du und die Wurst, ihr habt euch mal geliebt; für einen winzigen Moment habt ihr damals vergessen, dass unter der glänzenden Pelle der Knorpel, die Fettplocken und der Ekel wohnen. Jetzt seid ihr z.B. verheiratet, du und die Wurst, das Fett quillt in der Mitte hervor, und jeder Tag beginnt mit einem Anschiss. Die Wurst stellt die immergleichen Fragen: »Wie oft soll ich dir noch sagen …« Du kennst die Antwort, doch niemand will sie von dir hören. Die Wurst springt schon am frühen Morgen in der Wohnung hin und her, sie räumt, sie lärmt, sie will, dass du Dinge tust, die du verabscheust: aufstehen, im Bett nicht rauchen, vor acht Uhr in ganzen Sätzen reden. Und was sie ganz doll will, ist, dass du dich verpisst – ins Büro, aufs Arbeitsamt, an den Altglascontainer, zu deinen Freunden – völlig egal, Hauptsache raus aus der Wohnung. Denn wenn du weg bist, beginnt das geheime Leben der Wurst: Sie ruft andere Würste in anderen Wohnungen an, raucht dabei bunte Leichtzigaretten und spricht von Dingen, die du deinen besten Freunden nicht erzählen würdest. Es geht zum Beispiel um deinen Penis und was aus ihm geworden ist in all den Jahren. Gut, dass du nichts davon weißt. – Am späten Nachmittag darfst du in deine Wohnung zurück,

Gabs günstig bei OBI.

deine Schuhe musst du auf dem Bürgersteig ausziehen, deine Hände draußen im Goldfischteich waschen – dann erst darfst du rein und dich zum Hund aufs Sofa setzen. Jetzt spricht die Wurst nicht mehr mit dir, sie will jetzt andere Würste im Fernsehen beobachten – wie sie erfolgreich eine Modefirma leiten oder junge Liebhaber im Urlaub vernaschen. Im Wurstfernsehen kommst du nicht vor, da gibt es keine schlaffen alten Säcke mit Schrumpelgenitalien. Da sind die Männer auch in deinem Alter noch attraktiv. – Vor den Tagesthemen geht die Wurst ins Bett, um Kräfte zu sammeln für den Anschiss am nächsten Morgen. Du sitzt noch eine Stunde auf dem Sofa und kraulst dem alten Hund das räudige Fell. Schön, wenn man nicht allein ist auf dieser Welt.

Wenn die Sprache Tollwut kriegt
Veitstanz in der Kreissparkasse

Durch die Entwicklung auf den Finanzmärkten sind weite Teile der potenziellen Kundschaft zusehends verunsichert. Fakt ist, dass effektive Lösungen im Bereich Vermögens-Management wieder häufiger unter der eigenen Matratze gesucht werden. Das »Portfolio in der alten Socke« (PidaS) gilt selbst unter Börsianern als Geheimtipp. Ziel von *Customers Challenge Two Double O Two* (CuCha2004, CCTDOT) ist es, die zentralen Felder des *Finance-Optimizing* und *Currency-Floating* zurück ins MMC (Money Management Center, vormals Sparkassenzweigstelle) zu holen. Dazu muss der *PidaS-User* wieder zu einem *MMC-Customer* (MMC-C) werden.

CCTDOT ist hervorgegangen aus dem Verkaufsteigerungsprogramm (VSP1) des Sparkassen- und Giroverbandes für Ganzdeutschland (SuGVfGD) und einer Reihe von Tierversuchen am Zentrum für Primatenforschung der Nord/LB in Laatzen (ZENFÜPRIM N/LB). Zugrunde liegen dem Programm die vier Erfolgsfaktoren systematischer Re- und Akquisition von Alt- und Neukunden:

– Niederschwelliger Marktauftritt (Low-Level-Performance, LoLeP)
– Individualkundenorientierung (Eye-to-eye-communication, Etec)
– Rudelzugehörigkeitsvertrauen (Piss-and-smell-identification, Pasi)
– Fokussierte Beratungskompetenz (Targeting-and-coaching-competence, TaCC)

Im Einzelnen bedeutet das für den *Customer's Consultant* (CuCo) nach der Methode CCTDOT:

LoLeP:
Das MMC ist in die *Urban Area* (UA) des customers unauffällig zu integrieren (Camouflage-building-concept, CBC).
Beispiel: *Auch sozial schwache Areas bieten ein lohnendes Akquisitionspotenzial. Die Bewohner können durch Schwarzarbeit, Kleinkriminalität oder Sozialbetrug einige Gelder angehäuft haben, die auf ein überzeugendes Finance Management*

Concept (FMC) warten. Das LoLeP-CBC ebnet durch einen bescheidenen Marktauftritt die Kontaktschwelle (Contact Swallow). Eingepasst in die UA erscheint das MMC als leicht verwarzte Spekulantenbude (light Dermatoid Speculation corner) mit einem CuCo in lässiger Freizeitkleidung (Underdog Casual Wear) in fröhlichen Farben (Ballon Silk Suite).

Etec:
Der CuCo sucht im direkten *contact* mit dem *customer* den individuellen *eye-to-eye-meetingpoint*. Contact-Keywords wie »Guten Morgen« oder »Wie gehts, altes Haus«, im Einzelfall auch in der Muttersprache des *customers* (Buenos-Dias-Baracke), sind bewährte Türöffner (Traditional Door-openers) in der First-contact-theory nach Professor Katzenschneider.

Beispiel: *Ein Obdachsuchender oder Student (Low-profile-customer, LPC) betritt das MMC und geht Richtung Cash Counter (»Stütze abheben«). Auch diese eindeutige Low-profile-situation kann durch Etec in ein FMC-Meeting erweitert werden. Um die LoLeP anzupassen, kippt sich der CuCo eine Messerspitze Senf oder Ketchup auf den Schlips (strategic-outfit-destroying, SOD) und spricht den LPC direkt an: »Ey, Alter! Haste dir schon mal 'nen DekaFond reingezogen?« Die darauf folgende direkte Etec registriert anerkennend die versiffte Krawatte aus dem SOD, und es folgt Punkt drei im LPCC (low-profile-customers-contact): die Pasi.*

Pasi: *Piss-and-smell-identification* ist nicht nur im Tierreich (Kingdom of Animals, KoA) eine beliebte Methode (method,

M), um die Rudelzugehörigkeit (Pack-membership, PM) eines Artgenossen (Communist of Art, CoA) festzustellen. Auch MMC-Cs erkennen »ihren« CuCo am Geruch. Nur »wenn die Chemie stimmt«, werden Finance-Deposures (Einzahlungen, Ezn) angstfrei getätigt. Der CuCo sollte deshalb vor dem Markieren der Consulting-area (CA) durch eigene Körperausscheidungen nicht zurückschrecken (Tafelgeschäfte, TGs). Sofort stellt sich beim *customer* ein olfaktorisches Heimatgefühl ein, und sämtliche Poren öffnen sich für ein ganz spezielles *Money consulting* (Mc), das TaCC.

TaCC: Target and Coaching Competence meint nach der Methode (method, M) CCTDOT, dass der *customer* targetgerecht gecoacht wird, mit anderen Worten (words, Ws): Target und Coaching müssen Hand in Hand (hand in hand, HiH) gehen, und dem *customer* wird ein Paket ganz speziell auf ihn zugeschnittener Finance-Level-Optimizing-Products (FLOPs) an die Hand gegeben.

DAS WICHTIGSTE ZUSAMMENGEFASST:
(the most important in a second)

Markterfolg im Vermögensmanagement basiert auf umfassendem Konzept und klaren Erfolgsfaktoren!

Das Konzept heißt CCTDOT und wird bei den Mitgliedern des Sparkassen- und Giroverbandes für Ganzdeutschland eine neue Ära der gesteigerten Produktivität (Mounted Money Making, MMM) einleiten.

Auch DU bist gefragt, deine Kompetenz (competence, ©)

und dein Geruch (rotten smell, RS) entscheiden mit, ob das nächste Jahr für uns alle ein erfolgreiches Jahr sein wird.
Make the customers satisfied! (Mtcs!)

Zeitgemäß angepflaumt
»Ey, du Kassenpatient!«

Nach »Arbeitsloser« und »Scheinasylant« hat ein weiterer Begriff aus der rauen bundesrepublikanischen Wirklichkeit Einlass in die Welt der Schimpfwörter gefunden: »Kassenpatient.« Der Volksmund bewertet damit instinktsicher die gesellschaftliche Stellung behandlungsunwerten Lebens. Egal, wie die so genannte Gesundheitsreform auch en detail ausformuliert wird, die volle Breitseite trifft den Bodensatz in AOK und Ersatzkassen. Nachdem sich Junge und chronisch Gesunde zu den Privaten verpisst haben, bleibt den Gesetzlichen nur die Resteverwertung: Siechende und Süchtige, Geronte und Gelähmte. In deren Logik liegt zudem begründet, dass sie auch noch weniger in die Solidargemeinschaft einzahlen. Neben den Tod als natürliches Ende eines Versicherungsgegenstandes wird bald der wirtschaftliche Totalschaden treten. Lohnt sich noch der Helicopterflug, wenn bei Omma Krause die Pumpe den Dienst versagt? Müssen auch Kassenpatienten unbedingt in den Kernspintomografen geschoben werden? Vertraut man bei diesem robusten Menschenschlag nicht besser auf die Selbstheilungskräfte der Natur?

Je öfter die Politik sich gegen den Vorwurf vom Zweiklassensystem wehrt, desto mehr ist er Wirklichkeit geworden. Selbst das von der Fielmann-Forschung überwunden geglaubte »Kassengestell« wird wieder auferstehen, das »AOK-Gebiss« kehrt zurück, die schlackernde »Kassenhüfte«, die Glasaugen und leeren Ärmel gehören bald wieder zum Straßenbild. Während die Besserverdiener ihren Body durch ständige Operationen dem ästhetischen Leitbild angleichen können, dürfen sich die Bedürftigen nach Anleitung im Internet den Bypass selber legen. So driftet die Gesellschaft auch optisch immer mehr auseinander. Die Reichen sind die Schönen und die Armen sehen einfach scheiße aus. Je weiter plastische Chirurgie und Prothetik voranschreiten, desto brutaler wird es für jene, die ihrer nicht teilhaftig werden. Aber auch innen drin siehts finster aus. Während sich der Tycoon ein Herz nach dem anderen in die Brusthöhle schiebt, steigt der Lehrling mit dem Organspenderpass im Portmonee auf sein gammeliges Moped und wird platt gefahren.

Da muss man sich doch fragen, warum die armen Bevölkerungsschichten das Wertvollste, das sie besitzen, zum Nulltarif abgeben sollen. Warum nicht schon zu Lebzeiten für das Herz, die Nieren oder den andern Kram 'ne schöne Stange Geld einstreichen? Wenn das Gesundheitssystem schon nach wirtschaftlichen Gesichtspunkten reformiert werden soll, dann bitte aber auch richtig. Mit den Mücken für das Gekröse kann sich der zukünftige Spender doch während der Wachphase seines Körpers 'ne blitzsaubere Hüfte leisten. Schon jetzt liefern die Armen dieser Erde die Ersatzteile für die kaputten weißen Körper. Schweinerei! Urwalddoktor und

Generica sind doch nicht halb so teuer wie ein durchreparierter Korpus in Weißi-Land. Auch hier wollen die Organgeber am Profit partizipieren.

Und so sieht dann das reformierte Gesundheitssystem aus: Die Versicherung leistet eine Wette auf den Kunden, je höher das Krankheitsrisiko, desto höher die Beiträge. Gemindert werden können diese wiederum durch die Abgabebereitschaft von Körperteilen im Entnahmefall (»Früher Tod« genannt). Je höher wiederum die Chance auf den Entnahmefall ist (»Junger Tod« durch Morbus kawasaki), desto geringer sind die Beiträge. Denkbar wären auch Sachleistungen oder eine Tauschbörse: Gibst du mir eine Niere oder dein Knochenmark, erhältst du einen Gutschein für eine schicke Zahnprothese oder einen Freiflug ins Herzzentrum. Hat sich das ganze System erst mal eingespielt, wandern die Organe an die Warenterminbörse in Hannover und das Hundert Herzen wird genauso gelistet wie der Sattelzug voll Schweinehälften. Die einstmals Gebeutelten des Gesundheitssystems bekommen ein neues Selbstbewusstsein als wichtige Rohstofflieferanten und das böse Wort vom »Kassenpatienten« gilt nicht mehr.

Riskant durchs Versagerland
Gefahrvolle Berufe

Durchgeschwitzt erwachte ich aus meinem Tagtraum. Ich hatte mit einem 5-Kilo-Hammer das Teledat X120 auf dem Hof zerschlagen und ein verirrtes Plastikschrapnell traf einen zufällig vorbeiradelnden Telekom-Mitarbeiter tödlich am Kopf. Schlagartig wurde mir klar, in welcher Gefahr sich mittlerweile einige Berufsgruppen in diesem Lande befinden. Nicht mehr Polizisten und Feuerwehrleute sind vom jähen Dahinscheiden unter Ausübung ihrer Tätigkeit bedroht, sondern scheinbar harmlose Dienstleister, die blöderweise bei einem der im Volke verhassten Schweineläden angeheuert haben: Der bedauernswerte Zugbegleiter, den die Durchsage von der dreistündigen Verspätung ungeschützt in der zweiten Klasse ereilte und der in logischer Konsequenz von den DB-Gefangenen erdrosselt wurde. Den Kurierfahrer zerteilte ein Mann mit der Axt, als er ihn dabei erwischte, wie er den gelben Zettel ohne Zustellversuch in den Briefschlitz schob. Einer investigativen Gruppe mündiger Steuerzahler gelang es sogar, die Adressen von Finanzbeamten herauszubekommen und deren Rasenmäher zu vergiften. SPD-Mitglieder verfeuern zu Tausenden ihre Parteibücher im skandinavischen Dekokamin. Ja, selbst der Kanzler klagte schon über Drohbriefe an seine Heimatadresse.

Was soll aus diesem Land noch werden, in dem die schlimmsten Schergen nicht in Ruhe ihrer Arbeit nachgehen dürfen? Schon sieht man Leute, die draußen vor den Call-Centern herumschleichen, um den armen Menschen aufzulauern, von denen sie in 0190er-Fallen gelockt wurden. Bauarbeitern, die mitten auf der Straße unschuldig Blumenbeete aufpflastern, wird vorsätzlich eine Stelze abgefahren. Mit blutigem Stumpf schleppen sie sich zur Fußgängerbedarfsampel, nur um dort gänzlich platt gebügelt zu werden. Kampfpudel spielen in den Vorgärten mit GEZ-Fahnder-Teilen – sieht so das moderne

Deutschland aus? Wann rollen die ersten Castor-Transporte nach Berlin, innen drin die komplette Bundesregierung auf dem Weg zu ihrer nächsten Sitzung? Es weht ein kalter Wind durch die Solidargemeinschaft.

Seniorenheim auf Rädern
Rentner am Steuer

Was früher der Ariernachweis ist heute der Führerschein: Gilt auf Lebzeit und macht einen erst zum vollwertigen Mitglied der Gesellschaft. Auch wenn der alte C64-Rechner unterm Cordhut die Datenmenge nicht mehr so richtig voreinander kriegt, darf auch der 100-Jährige noch einen Testarossa über die Autobahn scheuchen. Dabei fangen die Probleme schon viel früher an: Ein Schaltwagen hat drei Pedale, ein Rentner aber nur zwei Füße. Was nun? Es gibt sechs Möglichkeiten, zwei Sandaletten auf drei Pedale zu verteilen, und jede Bio-Rostlaube nutzt im Laufe ihrer angejahrten Fahrpraxis alle sechs irgendwann aus. Um den letztlich unlösbaren Konflikt zu entschärfen, erfand der Mensch den Automatikwagen: zwei Trittflächen, zwei Rentnerschlappen: passt wie mein Mann seiner. Doch halt: Welcher Fuß auf welchen Tritt und welcher zuerst oder beide gleichzeitig? Und wo sind die blöden Pedale? Ein scheuer Blick in den Fußraum schafft da zwar Gewissheit, aber eigentlich sollte man beim Autofahren immer schön aus dem Fenster gucken – genau wie im Seniorenstift, ist doch ganz einfach zu merken. In

Badezimmer Modell Hartz IV.

der Regel findet sich auch Old-Falten-Face recht gut im Verkehr zurecht, besonders im Berufsverkehr, den er ohne Not, aber zielstrebig wie die Scheißhausfliege das Marmeladenbrot, täglich ansteuert. Mit 40 km/h schwimmt der Zitterrochen durchs Gewühl der City und hat alles im Griff, besonders das Lenkrad, an dem er sich im Sitz aufrecht hält. Sollte dessen eigentliche Funktion, die Richtungsänderung, mal vonnöten sein, greift der graue Fahrzeuglenker wie wild mit den Händen übereinander – so lange, bis ein unentwirrbarer Unterarmknoten entsteht. Sein größter Feind bleibt jedoch die Ampel, besonders wenn sie auf GRÜN steht. Eine Heidenangst erfasst den Zausel auf dem Velourssitz, denn er ahnt bereits, was kommt: Der Lichtsignalgeber springt demnächst auf ROT. (Die Gelbphase ist so kurz, dass sie von Menschen über 70 nicht mehr wahrgenommen wird.) Rentnergehirn gibt an Rentnerfuß den Befehl: bremsen! Und weil es gilt, 1,60m Strecke bis da unten hin zu überwinden, ergeht der Befehl schon in der Grünphase, kommt dann doch schneller an beim Fuß, kurzes Anbremsen, Rückmeldung an Gehirn: Ampel ist noch grün, Sandalette vom linken Pedal auf rechtes Pedal, Mist: Kupplung. Anderer Fuß von ganz links nach außen rechts. Gehirn meldet Ampel ROT, alle Füße zurück und zusammen auf mittleres Pedal: Scheiße Gaspedal!!! (Klirr, schepper, krach, bum).

Walhalla als Preview
Oktoberfest

Jede Kleinstadt ist in blau-weißes Rautenmuster getaucht und sogar die Altersheime feiern bayrisches Oktoberfest. Der Weißwurstäquator schiebt sich im Herbst bis zum Polarkreis vor. Nur der rheinische Irrsinn hat eine derart kulturimperialistische Kraft wie das bajuwarische Kampfsaufen aus Einmachgläsern.

Was wieder einmal mehr beweist, dass nur das wirklich Primitive und Bescheuerte in die Herzen des Volkes vordringt. Ganze Mammuts werden über offener Esse gegrillt, dazu geschälte Stoppelrüben geknabbert und die Gerstenjauche je hälftig in den Schlund und aufs Jackett gepladdert: »Jo mei, wenns Arscherl brummt, ists Herzerl gsund.« Wer wollte dem widersprechen, und ab und zu braucht auch der Feingezwirnte seine atavistische Auszeit: Grölen, Saufen, Kotzen, Grabbeln und dann das Ganze wieder von vorn. Oktoberfest ist das kollektive Aufbegehren des Kleinhirns gegen die Vernunft. Scheiß vegetarischer Ökofraß, verdammter Nichtraucherterror, das gepflegte Glas Wein am Abend – heute einmal nicht, heute zeigen wir dem Trägermodul unserer Seele mal, wer hier der Herr im Hause ist. Fünf Liter Schlabberbier durchs System geprügelt, fettes Schweinefleisch, eine Luft wie kalter Furz im Aschenbecher: Herzinfarkt, du kannst mich mal! Auch die Erotik verabschiedet sich vom raffinierten Überbau, es zählen nur noch mörderische Masttitten und die dazugehörige Kruppe eines Brauereipferdes. Die Liesl, das Reserl, das Burgl: barockes Erotik-Urgestein und altdeutsche Wichsvorlage in geschnürtem Folklorefummel. Und was das Schönste ist, das sind mal Weiber, die ganz viel Bier auf einmal tragen können, quasi der Traum eines jeden Germanen, wenn er mal ganz tief in sich hineinhorcht. Das Oktoberfest ist wie seine Erfinder, die Bajuwaren, eben noch viel dichter dran an der alten Bärenfell-Romantik der Germanen. Hier muss man nicht wie beim Karneval sinnlos durch die Gegend latschen, sich saublöde Witze anhören und alberne Perücken tragen. Hier gehts ans Eingemachte: Das Tier muss mal wieder raus. Ozapft is!

Wenn der beste Freund schwul wird
Rasenmäher

Früher hatte der Mann immerhin *einen* Freund in der Familie, den Hund. Dieser war mannscharf, stank aus 'm Maul nach Aas und wurde bei jedem Wetter draußen im Zwinger gehalten – ein echter Kumpel für echte Männer. Seitdem Golden Retriever und artverwandte Weicheier aus der Margarinewerbung in die Familien eingerückt sind, hat der Mann dort keine Freunde mehr. Frau, Kinder und Köter bilden eine Eiapopeia-Wertegemeinschaft, in der ein Mann keine Heimat mehr findet. Nur da draußen im Garten zwischen den Sichtschutzelementen hat er noch einen echten Kumpel: den Rasenmäher. Der ist laut, stinkt und lässt sich von Frauenhand nicht starten. Er dient nicht der Hege und

Pflege der weibischen Flora, sondern mäht sie nieder: ein echter Kerl eben. Sein vorsintflutlicher Motor ohne Kat ist dermaßen laut, dass man sich nicht dabei unterhalten kann. Hinterm Rasenmäher ist der Mann noch davor sicher, angesprochen zu werden. Allein mit seinem Kumpel zieht er Bahn für Bahn übers Grün, kann dabei seinen Gedanken freien Lauf lassen und vergisst für eine Weile das Vielsprechgerät in der Wohnung. Rasenmähen ist eines der letzten Alleinstellungsmerkmale männlicher Kompetenz im Haushalt, denn nur ER kann den launischen Drachen bändigen.

Und das Monster ist gefährlich! Mit einem Schlag seines rotierenden Messers kann es das wichtigste Organ einer Frau zerfetzen: den Fuß, den man doch so dringend braucht als Legitimation für den ständigen Schuherwerb. Ja, der Rasenmäher und vielleicht noch der Holzkohlengrill – das sind die letzten wahren Freunde des Mannes in der unerträglich feminisierten Familie. Doch die Kohlenesse mit dem brennenden Fett aus Nackensteaks raffte schon der angeschwulte Elektrogrill dahin, nun hat es auch den Rasenmäher erwischt. Jüngst sah ich ihn in einer Anzeige, den »Leisemäher für eine neue Zeit«: Er hat ein Gehäuse mit integriertem Schalldämpfersystem, eine rückenschonende Fangkorbentnahme und ist durch seinen Pollenfilter auch noch für Allergiker geeignet. Das Einzige, was ihm noch fehlt, diesem Golden Retriever unter den Schnittern, ist der Unterfahrschutz für Riemchensandalen. Wieder ist dieses Land um eine männliche Domäne ärmer geworden.

Schwartenköhler im Rehhagel-Wahn.

Bevor irgendwas passiert
Registrieren und Initialisieren

»Vor Inbetriebnahme des Wireless-Communication-Sets bxa 398 supercomfort lassen Sie sich bitte unter der Mail-Adresse www.wirelesscommunication.com/bxa398supercomfort_neu4-2002 registrieren, damit wir Ihnen Ihren persönlichen Zugangscode, Ihr Passwort und das aktuelle Upgrade zuschicken können.«

Eine ganz normale Bedienungsanleitung aus der Abteilung für psychologische Kriegführung eines Elektronikherstellers. In schlichter Prosa handelt es sich um nichts Bedeutenderes als ein schnurloses Telefon. Das kann man natürlich nicht einfach in die TA.2a/b Komfort (Analogwandler) der Telekom reinfriemeln (was natürlich auch nur funktioniert, wenn das ISDN-Endgerät, in Telekom-Deutsch NTBA, entsprechend mit den Rufnummern initialisiert wurde). Oh nein, das bxa 398 will ja seinerseits erst mal initialisiert werden. Wobei das Zauberwort »initialisieren« heißt, dass werkseitig wichtige Einstellungen unterblieben, um sie dem Kunden aufs Auge zu drücken.

Warum machen diese bösen Menschen so was?, fragen wir uns wieder einmal, wenn wir das 130 Seiten starke »Manual« interesselos durchstreifen. Um uns in die Registrierungsfalle zu locken! Denn nur dort erfahren wir die wichtigen Daten, die zur Inbetriebnahme führen. Warum man sich allerdings für jedes pissige Elektronikgerät registrieren lassen soll, eine Uzi aber auf jedem Schulhof kaufen kann, blieb uns bisher verborgen. Doch nur so lange, bis wir die entsprechende Seite im Internet öffnen und uns ein sechsseitiges Formular entgegendreistet. Darin wird minutiös unser Persönlichkeitsprofil in Relevanz zu unseren Kaufgewohnheiten abgefragt (»Haben Sie elektrisch unterstützten Geschlechtsverkehr und welche Geräte bevorzugen Sie dabei?«). Passwort, Code und sonstiger Reinkomm-Blödsinn wird nur dem zum Lohne gewährt, der alle roten Felder ausgefüllt hat. Und warum das alles? Um uns in den Genuss des aktuellen Upgrades gelangen zu lassen. Will heißen: Die gekaufte Krücke lag veraltet im Regal und wird erst beim und vom Kunden in ein funktionierendes Gerät verwandelt. Über die sich anschließenden Hürden nach vollzogener Registrierung und Initialisierung schweigt der Chronist an dieser Stelle, nur so viel sei verraten: Auf Seite 5 des Manuals lauert ein »Menübaum des bxa 398« mit über sechzig einstellbaren Funktionen. Die Frage, die uns hier allein beschäftigt, lautet schlicht: Wann wurde, von der Menschheit unbemerkt, der Zenit der technischen Entwicklung überschritten? Wo lag diese zivilisatorische Wasserscheide, ab der alle Weiterentwicklungen nur noch in Richtung Wahnsinn führen? Wann muss ich mich als User meines Toasters registrieren lassen? Wann brauch ich drei Tage Urlaub, um mein Fernsprechendgerät zu installieren? Gibt es noch Hoffnung?

Kann man nix gegen machen
Männlicher Hang zu jungen Dingern

»Sex findet sowieso im Kopf statt!« Sicher, und die Willensbildung des Volkes in den Parteien. Wenn die begehbare Hülle des Weibes in die Endphase ihrer Attraktivität eintritt, so ist dies der meistgehörte Satz aus ihrem Mund. Ihr Mann, nein, der schielt nicht den jungen Füllen nach. Weil – und jetzt kommts noch doller – mit denen habe man ja keine gemeinsamen Themen. Hamwer gelacht! Auch Mister Supertreu schaltet sein U-Boot sofort auf Rotlicht, wenn attraktive Beute naht. Was ihn davon abhält, sofort den Torpedo auszufahren, sind mitnichten die fehlenden »gemeinsamen Themen«, sondern erstens der Unwillen im Jungfleischsektor und zweitens der stärkste Trieb des Mannes: bräsige Gemütlichkeit. Von seinem Ehegerät könnte ihn schon der leiseste Auslösereiz fortlocken, doch von der häuslichen Pils-Rezeption am TV-Gerät – da bedarf es schon eines Orkans in der Prostata. Blöderweise leben Weib und Pils im selben Haushalt und das eine ist nicht ohne die andere zu haben. Somit wird der alte Hahn zum Kapaun und lebt an der Seite seiner welken Legehenne friedlich dem Ende entgegen.

Wenn jedoch der häusliche Faltenwurf die Basics männlicher Lebenserwartung nicht mehr garantiert und sich zum nörgelnden Walkie-Talkie entwickelt, dann schweifen nicht nur die Blicke über den ehelichen Beckenrand, sondern der Schweif selber. »Er hat sich eine Jüngere genommen«, lautet dann das nächste Missverständnis männlichen Verhaltens. Was sonst, er ist ja nicht völlig bekloppt, aber das Alter spielt nur eine Nebenrolle. Männer wechseln die Frau ausschließlich in Richtung vermuteter Toleranz ihren eigenen Schrullen gegenüber. Nun hat die Natur es erfreulicherweise so eingerichtet, dass knackige Körper und naive Gemüter oft dieselbe Besitzerin haben. Ein Trottel, wer da nicht zugreifen würde, sobald sich die Gelegenheit bietet. Müßig zu bemerken, dass auch dieses Gespann dem Wärmetod entgegenwelkt. Aber immerhin gab es ein paar Jahre, in denen der Sex nicht im Kopf, sondern im Bett stattfand.

Die Entdeckung der Langsamkeit
Straßen

Wenn man durchs Land der Bekloppten fährt, könnte man annehmen, sämtlicher Bestand deutscher Restkinder würde ausnahmslos an Durchgangsstraßen aufgezogen. Überall hängen krakelige Schilder, auf denen in Fingerfarben vor kreuzenden Bälgern gewarnt wird. In Wahrheit haben die Anwohner natürlich gar keine Kinder, sondern lediglich kein Zeichentalent und einen Rochus auf den fließenden Verkehr. Wenn die Krickelkrackelnummer nicht zieht, wird schwereres Geschütz in die Fahrbahn geschoben: Blumenkübel, Bodenwellen, Pflasterkissen und verwandte Spoilerkiller. Das allerdings ist den verarmten Kommunen mittlerweile zu teuer, und nun reicht das Schild »30-km/h-Zone«.

Bravo! Da zeigt sich endlich wieder die ganze Erbärmlichkeit des deutschen Charakters. In Großbritannien steht auf den Schildern »Drive slowly«. Da traut man den Bürgern immerhin zu, selbst einschätzen zu können, was »slowly« ist und was zu »fast«. Auf diese Weise als Mensch ernst genommen, ist der Brite dann auch eher gewillt, sich danach zu richten. Im Reich der kleinkarierten Untertanen dagegen lauert der Grünweiße mit der Laserpistole hinterm Blumenkübel und wenn man mit 33,5 durch das Dreckskaff bügelt, muss die Geldkatze bluten und es gibt Strafpunkte, ab 50 ist sogar der Lappen weg.

Richtigerweise vermutet der Verkehrsteilnehmer ohnehin in jedem zweiten 30-km/h-Schild eine Schikane, die allein dem Stadtsäckel zur Gesundung verhelfen soll. Was macht er also? Wenn keiner guckt oder die Schmiere Büroschluss hat, fährt er mit 100 durchs Land der Langsamkeit und freut sich über den geglückten Bubenstreich. Andere kreischen im ersten Gang mit 30 durch die Slalomstrecke, um wenigstens die dreisten Ego-Anrainer mit ausreichend Lärm und Abgasen zu versorgen. Und wieder hat eine deutsche Reglementierung ihr typisch deutsches Ziel erreicht: Alle sind genervt und gebracht hats nichts. Außer, dass das Beharrungsvermögen in Doofmannsland wieder einen Teilsieg davontrug.

Ein schönes neues Wort gibt es auch schon für die Bundesgartenschau auf Durchgangsstraßen: Entschleunigung. Und da wären wir auch endlich beim Schönreden des Staatsbankrotts angelangt: Sind kaputte Straßen nicht irgendwo auch ein ökologisches Signal für die Entschleunigung der Republik? Sicherlich! Und wenn ich mit 30 km/h frontal gegen ein Windkraftwerk fahre, ist das doch auch ein viel schönerer Tod, oder etwa nicht?

Talente, die besser ungehoben blieben
Varieteekünstler

Die eine ist sprachbegabt und parliert in vielen Zungen, der andere kann mit Buchstaben rechnen und wird zum Informatikgenie. Doch wozu lernt jemand Jonglieren, Steppen oder Kartentricks? Diese Fähigkeiten sind nicht nur überflüssig, sondern nerven die gesamte Weltbevölkerung. Einst gehörte auch das Beherrschen der Wandergitarre zu den höchst unerwünschten Talenten in der Öffentlichkeit. Brannte irgendwo auch nur ein Streichholz nieder, schon fand sich ein »Blowing-in-the-wind«-Blödmann, um es zu besingen.

Heute bleiben diese Lästlinge auf unterirdische Verkehrsmittel und Fußgängerzonen beschränkt. Die Jongleure und Kartentrickbekloppten allerdings verseuchen die Kultur sogar noch gegen Eintrittsgeld. Die Kleinkunstbühnen der Republik sind voll von Apfelsinenschmeißern und Luftballonknotern. Und wenns ganz hart kommt, wird gesteppt, oder eine angejahrte Tunte macht den Mund nach den Frontliedern von Zarah Leander auf und zu. Warum geben sich Menschen so viel Mühe, um dermaßen uncoole Scheiße vorzuführen? Der Verdacht liegt nahe, dass es noch größere

Christopher-Street-Day in Hannover.

Trantüten gibt, die so was gut finden und bereit sind, dafür zu zahlen. Eine Frau wird zersägt, eine andere schwebt, ein Kälberstrick steht in der Luft und tatsächlich, es war die Herzdame, die der Verblüffte aus dem eigenen Arsch herauszieht. Toll! Wer hätte das mal wieder gedacht? Noch schlimmer wirds, wenn Frauen mit Musical-Ambitionen sich mangels anderweitigem Engagement ins heitere Fach begeben. Der mittelmäßige Witz ist dann nur Vorwand, um dauernd in neue Gewänder zu springen und abgehangenes Liedgut zu tremolieren. Das Publikum ist selber schuld. Denn im Land des Facharbeiterbriefes gilt in der Zuschauergunst lediglich der etwas, der mehr kann als nur witzig sein. So darf der Name Helge Schneider nie genannt werden, ohne darauf hinzuweisen, dass es sich dabei zusätzlich um einen exzellenten Jazzmusiker handelt. Ich könnte kotzen. In Deutschland wird ein Witz erst dann akzeptiert, wenn er mit einer handwerklichen, meist überflüssigen bis ätzenden Nebenfähigkeit vorgeführt wird: Klavierklimpern, Jonglieren, bunte Klamotten tragen.

Der Wischmeyer ... is ja 'n bisschen hart und, äh, fäkal, aber ordnungsgemäß sauber formuliert, das muss man ihm lassen. Ich dir machen, hahaha! Kacke, Arsch, hahaha, du Dreck, hahahahaha!

Herpes, Warzen und ...
Verwandte

Jeder hat sie, keiner braucht sie! Das Überbleibsel aus einer früheren Kulturstufe der Menschheit ist noch heute der Schrecken versauter Sonntagnachmittage und abendlicher Horrorveranstaltungen: die so genannten Familienfeiern. Wie zu Zeiten der Mammutjäger trifft sich die versippte Horde am toten Tier und schlägt sich die Wampe voll. Da bei dem Gelage am Genpool außer Fressen keine Gemeinsamkeiten vorhanden sind, erstreckt sich die Völlerei über Stunden. Von der Hochzeitssuppe bis zur Herrencreme vergeht leicht ein halber Tag und zwischen den Gängen hört man sich das Geseire fremder Trottel an, die sich als Onkel Bergepanz und Tante Leidegeil vorstellen.

Erst wenn man mal in einer fremden Familie zum Verwandtenauftrieb geladen wurde, fällt einem auf, dass die Sippschaften sich alle gleichen. Überall gibt es die uralte Knitterfratze, vorzugsweise auf den Namen Tante Mariechen hörend, überall den öligen Onkel mit den schlüpfrigen Witzen, ein halbes Dutzend schlachtreifer Hausfrauen und jede Menge mehr oder minder missratener Gören. Die ganze Horde ist komplett austauschbar, ja, man möchte meinen, »Verwandter« sei ein eigenständiger Seitentrieb in der Menschwerdung. Die Freunde, die Leute auf der Straße, sie sehen alle anders aus. Nur Verwandte benehmen sich so bescheuert, lachen zu oft über jeden Scheiß und haben komische Frisuren. Ihre Treffen sind einem so fremd wie die Saturnalien der polynesischen Urbevölkerung. Kaum mag man sich vorstellen, dass diese Figuren auch noch ein Leben außerhalb des Verwandtendaseins haben. Man sieht sie von einem Kaffeetrinken zum nächsten, von einem 70. Geburtstag zur Goldenen Hochzeit wanken, dazwischen nichts als ereignisloses Warten auf die Trottelshow des kommenden Wochenendes.

Nun ist dennoch anzunehmen, dass auch diese Menschen irgendwo normale Restexistenzen unterhalten. Was treibt sie dann dazu, ihre Zeit im Kreise der Genkumpels zu verplempern? Wird man das archaische Zusammengehörigkeitsgefühl mit der Sippe niemals los? Selbst abgefeimte Großstadtsingles stehlen sich mehrfach im Jahr in die Kleinstädte ihrer Aufzuchtjahre und lauschen dem Zischeln der locker sitzenden Gebisse. Wer weiß, so murmelt es im Hirn des coolen Art-Directors, vielleicht ist Blut doch dicker als Wasser. Und wenn die schmale Kohle erst aus Nürnberg kommt oder gar vom Sozialamt, dann hast du keine Freunde mehr, keine lustigen Arbeitskollegen und niemand lädt dich noch zum Saufen ein. Dann sind da nur noch Onkel Bergepanz, Tante Leidegeil und dieses Monster, das aussieht wie Leni Riefenstahl am Vormittag. Besser man hält sich die Sippschaft warm in diesen unsicheren Zeiten, schon morgen kannst du auf sie angewiesen sein.

Wanderpokale der Mittelschicht
Hab ich selbst gemacht!

Der Grieche, dem die internationale Küche ja vieles verdankt, was nur unter Mühen die Brechreiz-Selbstkontrolle der Gurgel passiert, hat uns auch die Marmelade beschert. Ursprünglich war sie ein mit Honig eingedicktes Quittenmus, heute ist keine Gartenfrucht davor gefeit, mit Rübenzucker vermählt ins Marmeladenglas zu wandern. Birnen, Erdbeeren, Rasenschnitt: Wenn Mama erst mal loslegt, wird der halbe Garten eingekocht. Doch wohin damit? Der Bedarf an süßem Brotaufstrich ist noch durch die Vorjahresproduktion bis weit ins nächste Dezennium hinein gedeckt. Jetzt wird das Marmeladenglas zum Wanderpokal. »Hab ich selbst gemacht«, heißt es dann ganz stolz, wenn einem als Mitbringsel statt der üblichen Pulle Alkohol ein klebriges Glas mit quietschsüßem Wagenschmier in die Hand gedrückt wird. »Stachelbeer-Kürbis 1998« entziffert der Gastgeber angewidert das Kuli-Gekrickel auf dem Selbstklebeetikett – und stellt den Castor-Behälter hausfraulicher Selbstverwirklichung neben den Restmüllsack.

Spätestens aber wenn eine Vorladung zum Abendmahl droht, erinnert man sich der Fruchtpampe im wiederverwendeten Oil-of-Olaz-Behältnis. Mit schnellem Edding-Strich wird aus der Erstzulassung 1998 ein hoffnungsfrohes 2004 und aus der Ekel-Kombi Stachelbeer-Kürbis ein gourmetverdächtiges Passionsfruchtgelee. Da man absolut sicher sein kann, dass niemand das Zeug jemals fressen wird, muss nur die Farbe halbwegs glaubwürdig erscheinen. Noch Jahre später, wenn sich unterm Plastikgesims des Deckels bereits der zarte Flaum von Aspergillus breit gemacht hat, hört man immer noch das stolze »Hab ich selbst gemacht« beim Überreichen der gezuckerten Moderfrucht. Die Marmelade ist ein Stück Erinnerung an eine Zeit, in der Mutter noch zu Hause wirkte, die Lebensmittel noch im Garten wuchsen und überhaupt alles ganz puschelig war. Sie ist längst zum Symbol althergebrachter, wertvoller Ernährung geworden – nur essen mag die Pampe niemand. So wandern denn die Gläser mit den Kuli-Etiketten im Laufe der Jahre von einem zum andern, stets begleitet vom stolzen Spruch: »Hab ich selbst gemacht!« Ich hingegen würde mich freuen, überreichte mir jemand mal einen Kotelettstrang mit den Worten: »Hab ich selbst gekillt, das Schwein.« Aber da, wo die Ursprünglichkeit etwas eklig wird, schreckt der moderne Mensch vor der guten alten Zeit zurück.

Wenn fremde Texte angreifen
Halts Maul

Die höflichste Form der Kommunikation, die der Mensch je erdacht hat, ist das Morsen: keine Dialekte, kein Gelaber, keine Klingeltöne, eben was für gediegene Gentlemen. Jede andere Form ist mehr oder minder eine Belästigung oder Vergewaltigung. Am schlimmsten, weil am häufigsten, ist das alltägliche Geseire. Ohne jedwede Funkdisziplin fängt das Gegenüber aus dem Nichts heraus an zu brabbeln. Ein

Gespräch unter zivilisierten Menschen klingt dagegen so: »An Mitbewohner. Kommen. Hallo, hallo, ich habe einen Spruch für dich, möchtest du ihn hören? Ende. Kommen.« – »An Gaby, Kommen. Nein. Kommen und Aus.« Die Realität hört sich leider etwas anders an. Wie U-96 aus den Fluten des Atlantik taucht plötzlich ein Mensch vor dir auf und schießt dir seinen Laber-Torpedo in die Flanke: »Kommst du jetzt mit zu Juttas Geburtstag oder hast du das etwa auch schon wieder vergessen wie die Socken neulich im Bad?« Eine interessante Textmitteilung allzumal, doch gebricht es ihr an jeglicher Funkdisziplin.

1. Wer sagt überhaupt, dass ich auf Empfang bin?
2. Wer ist Jutta?
3. Will ich wissen, wer Jutta ist?
4. Wieso Geburtstag?
5. Wieso ich dahin?
6. Was für Socken?
7. Wann neulich?
8. Wieso nicht?
9. Was hat das eine mit dem anderen zu tun?
10. Woher rührt die Unterstellung, dass der abgesetzte Spruch für den Adressaten in diesem Augenblick von Interesse sein könnte?

Ja, und weil man weder Zeit noch Lust hat, diese Gesprächsanalyse am lebenden Material vorzunehmen, folgt deren vulgäre Kurzform: »Halts Maul!« Entgegen landläufiger Ansicht ist es nicht unhöflich, zu jemandem »Halts Maul« zu sagen, es ist schlimmstenfalls schroff. Unhöflich ist es vielmehr, anderen Menschen, ohne um Erlaubnis zu fragen, selbst geformte Textbausteine an den Brägen zu schleudern, die diesen dann zur schroffen Notwehrreaktion zwingen. »Halts Maul!« Doch was passiert, ist just das Gegenteil. Der eindeutig formulierte Wunsch nach sofortigem Abbruch der Textentgegennahme provoziert einen fäkalienhaften Auswurf an neuerlichen und noch uninteressanteren Texten, als jenen mit der Hauptperson Jutta: »Aha, das willst du nicht hören, du arrogantes Stück Scheiße, wie du überhaupt nie jemals einen Fehler eingestehen kannst und dir die Gefühle anderer ...«

Und so weiter. Wer jetzt keine Heckler & Koch zur Hand hat, für den ist der Abend gelaufen.

Wir erinnern uns
Heißer Sommer

Wenn der Schinkengriller eisig kalt direkt aus der Folie gelutscht wird, wenn das Weizenbier nicht mehr in den Schlund, sondern ohne Umweg in die Unterhose pladdert, wenn Mama wie ein gestrandeter Buckelwal hinterm Sichtschutzelement verröchelt – ja, dann ist es irgendwie zu warm in Deutschland. Hitze schön und gut, aber da fährt man hin, die rückt einem nicht auf die Bude – unverschämte Natur.

Deutsch sein heißt, Wetter in jeder Form grundsätzlich scheiße zu finden. Gießt und nieselt es im Sommer, grillt der

Teutone aus Verdruss den Schweinenacken auf den Heizungsrippen und jammert tagaus, tagein, dass er um den tariflich zugesicherten Sonnenbrand betrogen wird. Brüllt Helios aber vom Firmament, als gelte es den Wüstenfuchs hier heimisch werden zu lassen, ists dem Jammer-Germanen auch nicht recht.

Nur den Gartenmolch, den freuts. Fettwampig steht er vor der Rabatte und ejakuliert mit dem Gardena-Pimmel auf die Baumarkt-Margeriten. Wie die Rüden im fremden Revier pissen sie an jeden Baum und Männer ohne Schläuche in der Hand sieht man nur noch außerhalb des Jägerzauns. Jetzt erst hat der deutsche Mann seine Liebe zur Pflanze entdeckt, denn jetzt braucht sie seine Hilfe. Ewig war ihm das Grünzeug nur suspekt, wie es so aus sich heraus zurechtkam in dieser Welt und von zarter Frauenhand betüdelt am besten wuchs. Doch nun, wo der Feind am Himmel steht, da braucht es einen Mann, um das weibische Gartengrün zu beschützen. Die Gardena-Wumme im Anschlag, behütet der Vorgarten-Landser sein Volk vor der Asylantenhitze. Jetzt, da dem Grün mit technischen Mitteln beigesprungen werden kann, entdeckt Papa seine Liebe zum Chlorophyll. Doch wehe, es regnet wieder und der Rasen lebt von alleine weiter, dann sattelt Papa seinen Aufsitz-Bronco und säbelt den jungen Trieben die Köppe ab.

Deutsche Standfestigkeit: »Ist mir doch egal, wo der Engländer das Lenkrad hinbaut.«

Gegen die Todessehnsucht der Brut
Kindersicherungen

Was treiben eigentlich die süßen Kleinen so den lieben langen Tag? Sie ertränken sich in Zierteichen, nehmen einen ordentlichen Schluck aus der Domestospulle und stochern mit dem fünfzölligen Nagel in der Steckerleiste herum. Wenn das immer noch nicht reicht, um das Ableben zu beschleunigen, reißen sie bei voller Fahrt in Mamis Auto hinten links den Schlag auf und schmeißen sich in den Gegenverkehr.

So sähe es aus, das abenteuerliche Leben der Infanten, gäbe es nicht an allen erdenklichen Ecken und Öffnungen unserer Zivilisation eine Kindersicherung. Will der Gruftzwerg die heiße Suppe von der Ceranplatte fingern, um sich mal ordentlich die Fontanelle zu verbrühen, steht ihm das Herdgitter im Wege. Will er sich von der Treppe hinunter auf die Ebene Null des Reihenhauses stürzen, verwehrt ihm ein IKEA-Gatter den Rausch des freien Falls. Die Kuschel-Gesellschaft zeichnet sich ja dadurch aus, dass sie alle Maßstäbe stets am geistigen Vermögen des größten denkbaren Idioten ausrichtet. Deshalb haben wir eine Promillegrenze, da sonst die Torfköppe dauernd hackebreit gegen das Straßenbegleitgrün brettern würden; deshalb steht auf Kaffeepappbechern geschrieben »Achtung, heiß! Verbrühungsgefahr«, denn sonst sengten sich die Hirnis hastenichgesehen die Pelle von den Knochen. Wenn also schon die so genannten Erwachsenen stets vor allerlei Unbill gewarnt und behütet werden müssen, um halbwegs am Leben zu bleiben, wundert es kaum, dass der Cordon sanitaire das Kleinkind richtig in Watte wickelt.

Seis drum, die Pimpfe sind tatsächlich ein bisschen zu ungelenk und Mami und Papi gucken auch lieber Fernsehen, als ein wachsames Auge auf den Nachwuchs zu verschwenden.

Doch wer leidet unter all dem Behütungswahn? Die letzten vernunftbegabten Erwachsenen dieser Erde und der Fischreiher. Letzterer kann nicht im Zierteich räubern, da das Zwergenschutznetz ihm den illegalen Verzehr verbaut und wir sind sowieso die Doofen. An der Pulle für den Pinselreiniger brechen wir uns fast die Gräten, da die Kindersicherung wieder einmal klemmt. Der schwächliche Eurostecker schafft es nicht, die Sicherungshürde in der Schukoleiste zu überwinden. Gefangen sitzen wir im Fond des Pkw, weil die Fötusverriegelung sich nicht öffnen lässt. Alles schön und gut! Da aber höchstens 20 % aller deutschen Haushalte ein Kleinkind führen, darf doch vielleicht mal angefragt werden, ob es nicht möglich wäre, für die 4/5-Minderheit noch ganz normale Pullen und Steckdosen herzustellen, bevor die Welt komplett verboten wird, weil sie schlussendlich ja zum Tode führt.

Komplett überschätzt
Kino, Kino

Wenn einen die Menschenfreude mal wieder überwältigt und man die gesamte Welt umarmen möchte, dann empfiehlt sich als Heilmittel der Besuch im Kino. Dort darf man einen kompletten Abend mit Hunderten von Arschlöchern in einem geschlossenen Raum bei völliger Dunkelheit verbringen. Juchheirassa! Selten, aber es kommt immerhin vor, werden in dem Kabuff auch noch gute Filme gezeigt. Dann ist es die Hölle! Nirgends wird der ursprüngliche Gedanke des Kinos so mit Füßen getreten wie im Kino selbst. Keine Chance, in die Illusionswelt auf der Leinwand abzutauchen, wenn sich ringsum ein Festival der Sinne zuträgt: Es stinkt nach Popcorn, dauernd purzeln Bierflaschen durch die Reihen, Chipstüten werden aufgerissen und plötzlich knipst ein Pissetrinker die Lampen an, um Eis zu verbimmeln. Erst jetzt, bei vollem Büchsenlicht, erkennt man, in welch asoziale Gesellschaft man hier gelangt ist. Alle fressen irgendwas und sabbeln laut vor sich hin. Die Ekeligsten haben ihre beschuhten Füße auf die Polster des Vordersitzes gestemmt. Manche sind mit dem Fahrrad durch den Regen gekommen und lüften ihren Poncho direkt vor Ort: Der Geruch von nassem Hund mischt sich unter den Gestank verbrannten Hühnerfutters. Wann macht die Trulla mit dem Bauchladen endlich das Licht wieder aus, damit man sich die Bagage nicht mehr ansehen muss? Noch 20 Minuten bis zum Filmbeginn. Bis dahin tausend Jahre Werbung und dämliche Trailer für richtige Scheißfilme. Nach insgesamt einer Dreiviertelstunde Unterhaltungshaft beginnt endlich der Anlass des Besuches. Das Licht erlischt zur Gänze, man lehnt sich zurück um sich ganz auf den Film zu konzentrieren. Da durchbricht der Strahl einer Taschenlampe das Dunkel: Zuspätkommer werden auf ihre Plätze mitten zwischen allen anderen gelotst, dabei fallen acht Bierpullen um und ein neuer Schwall Nasser-Parka-Geruch legt sich übers Auditorium. Noch bevor der letzte Samurai sein Schwert gezückt hat, wünscht man es sich schon zur Hand. Vollgesogen mit frischem Hass auf die Mitmenschen, freut man sich über jeden Toten auf der Leinwand.

Der Film ist vorbei, das Licht geht an. Ach du grüne Scheiße: Aus dem plüschigen Kinosaal ist binnen zweier Stunden eine Müllhalde geworden. Über der Abfallorgie schwebt eine Wolke aus Lungenfürzen, der wir widerstrebend unsere Atemluft entnehmen.

Nichts wie raus aus dem Klaustrophobenloch! Doch Pech gehabt: Neben uns hockt ein Trupp Pseudo-Cineasten-Arschlöcher, der sich einen runterholt auf die dreitausend Namen des Abspanns. Endlich hat uns die Freiheit wieder. Acht Euro gezahlt für drei Stunden U-Haft unter abscheulichen Bedingungen. Da aber hatte der Herr ein Einsehen und schuf den DVD-Player!

Vorschlag zur Güte
Kontrollierte Sprengung

Alles, was wir im Geiste tun, kommt aus der gegenständlichen Welt: »Anschauliche Begriffe« sind solche, die man angucken und begrabbeln kann. Die sinnliche Eroberung der Umwelt ging der rationalen Verarbeitung stammesgeschichtlich voraus und noch heute bezieht unsere Sprache sämtliches Vokabular aus dieser Sphäre. Das Bauen und Formen, das Einreißen und Zusammenfügen mit den Händen ist die Mutter allen Denkens.

Genug der Einleitung, schauen wir uns doch mal den derzeit so populären Begriff der »Reform« an. Reformieren heißt ja wohl, unter Beibehaltung der Gesamtmasse dieser eine neue Gestalt zu verleihen. Ein Knetgummimännchen sieht nach der Reform aus wie eine Kugel, enthält aber immer noch genauso viel Knete wie vorher, eine Steuergesetzgebung nach der Reform also immer noch 60.000 Verordnungen, nur anders verteilt. Staatliche Subventionen reformieren, hieße, sie so zu kürzen, dass alle genauso viel kriegen wie vorher. Und exakt so sehen die Reformbemühungen der Politik auch aus.

Dem möchte ich mal das Bild der »Kontrollierten Sprengung« gegenüberstellen. Wenn ein Gebäude seinen Zweck nicht mehr erfüllt, ein Fabrikschornstein etwa, so wird dieses nicht in Eigentumswohnungen umgebaut, sondern in die Luft gejagt – und zwar so, dass möglichst niemand in der Umgebung Schaden nimmt, das unnütze Teil aber auch verschwindet. Das ist doch eine tolle Sache. Nur durch kontrollierte Sprengungen ist Raum für Neues, aber Reformen manifestieren den alten Schrott in neuer Gestalt und führen irgendwann zur unkontrollierten Explosion. Ein anderes Beispiel: Die verheerenden Waldbrände in Kalifornien waren keine Naturkatastrophe, sondern das Ergebnis erfolgreicher Reformen in der Bekämpfung lokaler Kleinbrände. Nur weil über Jahre hinweg entfachtes Unterholz ständig gelöscht wurde, konnte sich dieser Riesenhaufen brennbaren Gerümpels in den Wäldern ansammeln. Auf die deutsche Gesellschaft übertragen hieße das: Jedes Reförmchen, mit dem lokale Brandherde gelöscht werden, bringt nicht nur nichts, sondern erhöht sogar die Gefahr der Katastrophe. Um das zu verstehen, braucht es demnach nicht eine Abwägung aller Interessen, wie es die Politik noch immer versucht, sondern ein komplett anderes Denken. Aber gerade dazu sind Politiker überhaupt nicht in der Lage. Sie rücken weiter aus mit ihren kleinen Löschtrupps, bekämpfen hier die »schlimmen« Auswirkungen bei der Reduzierung der Pendlerpauschale oder retten dort den Lebensstandard der zu oft bemühten »Krankenschwester im Schichtdienst«. Da kann und wird natürlich nichts bei rauskommen. Allein schon der Ansatz, »eine Reform müsse ausgewogen« sein, zeigt, wie weit entfernt – rein intellektuell – der regierende Beamtenapparat von einer wirksamen Veränderung dieser Gesellschaft zum Positiven sich befindet.

Jährlich fliegen zig Millionen Deutsche ins Ausland, über 99,9 % kommen wieder zurück. Wieso eigentlich?

Nicht nur in Flensburg
Punkte sammeln

»Sammeln Sie die Pupsi-Punkte?«, fragt mich die Verkäuferin an der Kasse. Sehe ich aus wie ein Fünfjähriger? Als Kind habe ich tatsächlich alle möglichen Punkte aus Nudelpackungen und Schokoriegeln gesammelt. Ja, ich habe sogar meine Mutter zum ständigen Kauf einer ätzenden Gebäcksorte genötigt, um die Knusperpunkte daran abzureißen. Für zweihundert Knusperpunkte gab es nämlich zwanzig Fußballerbilder (das Album dazu kostete 19,80 Mark, schöner Beschiss). Als Erwachsener, dachte ich bisher, ist man diesem juvenilen Eichhörnchentrieb entwöhnt. Von wegen! Das Meilensammeln im City-Shuttle gilt ja sogar unter leitenden Angestellten als besonders schick. Mit dem erflogenen Guthaben kann man dann kostengünstig die Gespielin zum Rammel-Weekend nach Paris entführen. Das mag ja noch angehen, aber in jeder Tankstelle, jedem Verbrauchermarkt und jetzt auch noch bei der Bahn ständig gefragt zu werden, ob man denn die Pupsis, Happy- oder Luckilucki-Punkte haben wolle, geht einem doch langsam auf die Nerven.

Der sonst devot schweigsame Friseur wollte mir beim letzten Fassonschnitt auch schon sein firmeneigenes Punkteheftchen aufnötigen. Da musste ich ihm leider bescheinigen, dass er gerade genau das Gegenteil erreicht hatte: nicht die Kundenbindung, sondern die endgültige Kundenverprellung. Ich habe weder Lust, zu Hause diverse Heftchen zu führen, um dort lustige Marken einzulecken, noch möchte ich, dass ein Warenhaus in seinem Computer ein Bewegungsprotokoll meiner Einkaufsgewohnheiten führt. Deshalb wird nicht »geswopt« bei Esso und die Paybackkarte können sich auch alle angeschlossenen Einzelhändler sonstwo reinstecken. Aus Rache für die blöde Infantilisierung des Warenverkehrs bin ich jetzt dazu übergegangen, eigene Punkte herauszugeben. Jeder Dienstleister, der brav ist, bekommt von mir einen Didi-Punkt. Der Postbote, wenn er pünktlich ist und keine Werbung in den Kasten stopft, der Kellner, der Polizist, der

Zeuge Jehovas, der gar nicht erst kommt. Sie alle bekommen Didi-Punkte, die sie sich irgendwo hinkleben können. Wer zweihundert zusammenhat, der bekommt meine alten Fußballerbilder aus der Knuspersammlung. »Sammeln Sie Didi-Punkte?«, fragte ich neulich die Politesse, die gerade einen Strafzettel für mich ausfüllen wollte. »Schade, denn sonst hätten Sie jetzt zehn Punkte bekommen können, wenn Sie den Kuli wieder einstecken.« Und siehe, das Strafmandat war vergessen, selig strich das Abmahnweibchen die zehn Didi-Punkte ein und zog ab. Von diesem Erfolg angespornt, verteilte ich die wertlosen Zettelchen aufs Geratewohl an jeden, der mir rabattierungswürdig erschien: Busfahrer, Zugschaffner, zufällige Passanten, die ein freundliches Gesicht zeigten. Da ich nur eine Fußballbildersammlung habe, behauptete ich im Fortgange des Verteilmarathons, für schon zehn Didi-Punkte gäbe es bei allen Payback angeschlossenen Geschäften hundert Euro bar auf die Kralle. Harharhar! Wer Wind sät, wird Sturm ernten.

Arbeitslos als Event
Sabbatical

Den ganzen Tag im Jogginganzug zu Hause sitzen, zwischendurch das pansige Weib vermöbeln und den Zehnerträger Billigpils verklappen – so stellt sich der den Arbeitslosen vor, der selbst noch niemals ein solcher gewesen ist. Seitdem die laue Konjunktur auch die hippen Arbeitnehmer aus den

Gehaltslisten fegt, bemühen sich die Betroffenen um ein Upgrading des pissigen Ansehens. Nicht »arbeitslos« oder SPD-deutsch »erwerbslos« sei man, sondern man nehme gerade sein »Sabbatical«. Auch lungere man eben nicht wie Otto Normaldrückeberger besoffen am Altglascontainer herum, sondern laufe durch den Park und mache irre Erfahrungen: »Die Vögel, wie lange habe ich den Vögeln schon nicht mehr zugehört – du, das ist total intensiv.« Während die erwerbslose Normalkrampe standesgemäß in Depressionen versinkt und ihre Tage auf den Fluren der Antragsfresser vergeudet, strauchelt der Sabbatical-Nehmer freizeittrunken durch den exotischen Alltag. Bisher buckelte er vierzehn Stunden am Tag in seiner IT-Klitsche, fraß dort sein Sushi aus der Pappe, vögelte am selben Ort, wen er fand, und ging oft nicht mal zum Schlafen ins Appartement nach Hause. Doch dann traf auch ihn die Keule der Konjunktur und es galt, einen eleganten Sprachcode zu finden für das Loser-Dasein. Das »Sabbatjahr« bot sich an als feine Umschreibung fortwährender Beschäftigungsräude. Allerdings assoziiere man den Begriff doch zu sehr mit dem Lehrervolk, und so weit unten sei man eben als arbeitsloser Marketing-Hengst auch nun wieder nicht, dass man sich mit diesem trotteligen Pack gemein mache. »Sabbatical« hingegen ist amerikanisch und dadurch schon per se hip und positiv, genau wie »pink slip« eben viel mehr nach erotischer Unterwäsche klingt als »Kündigung«. Allein das Wort aber macht es noch nicht, das Sabbatical muss auch entsprechend supercool gestaltet sein. Mal in eine Archäologie-Vorlesung reinschnuppern und gucken, wie die Glockenbecherleute so drauf waren. Obskure Vernissagen abklappern. Unterwasser-Tai-Chi für Frauen. Oder eben den Vögeln »total intensiv« im Stadtpark lauschen. All das macht einen zum viel beneideten und akzeptierten Smalltalker in den alten Szene-Lounges. Wer will schon das Gejammere hören vom viel zu teuren Loft, das man nicht mehr halten kann, vom Saldo rückwärts auf dem Girokonto – nix da: Auch der Gestrauchelte unterliegt dem Terror des Glücklichseins. Kommt zur Arbeitslosigkeit noch eine Portion Psychomacke hinzu, ist man eben grade sehr »kreativ« und meldet sich schlussendlich ein letales Zipperlein am Horizont, was solls, dann erlebt man »Krankheit als Weg«. So mündet das »kreative Sabbatical«, wie es sein soll, im »lazy Sunday Afternoon« auf dem anonymen Urnenacker. Bravo, wieder einer weniger!

Ohne jeden Zuckerguss 1
Wie der Wessi den Ossi sieht

Auch heute, lange nach der Eingemeindung, blickt der Wessi auf den Ossi noch immer wie auf den armen Verwandten aus dem Tierreich – nur das überhebliche Wohlwollen ist verschwunden. Noch sagt es keiner öffentlich, aber insgeheim glaubt jeder: Die Stinker fressen uns die Haare vom Kopf. Sie plündern die Rentenkasse, treiben die Krankenversicherung in die Höhe und kassieren auch noch die meisten Zuschüsse vom Bund und aus Europa. Deutschland ist am Ende, weil die vorbildlichen Westdeutschen 17 Millionen Arschgeigen

Bei der Planung des Eigenheims hatte SIE sich durchgesetzt:
»Glaub ja nicht, dass ich dauernd Fenster putze!«

an der Backe haben. Ihr Hauptberuf ist ABM, in ihrer Freizeit sind sie Flutopfer und wenn sie nicht genauso viel Valuta kriegen für halb so viel Produktivität wie im Westen, fangen sie an zu streiken. Das ganze Land haben sie 40 Jahre vergammeln lassen, und statt jetzt mal umsonst zu Hacke und Spaten zu greifen wie unsre 45, fliegen sie mit Billigbombern in die Domrep und verjuxen ihre Stütze. Eigentlich stände ihnen ein Lebensstandard wie hierzulande 1958 zu: Eine Hose zum Wechseln, Papa fährt mit dem Moped ins Zementwerk und geschissen wird auf halber Treppe. Aber nichts da: Der volkseigene Osteuropäer will genauso sein wie wir – nach fast 60 Jahren Knechterei auf dem Weltmarkt. Wie soll das gehen?

Doch es gibt ein Fünkchen Hoffnung für alle Wessis, die die Schnauze voll haben: Der Ideologieträger Nummer eins, das Fernsehen, bereitet durch seine Ostalgie-Märchensendungen die allmähliche Wiederverschließung der Mauer vor. War doch alles gar nicht so schlimm da drüben, zieht euch die lustigen blauen Hemden wieder an und den antifaschistischen Schutzwall wieder hoch. Schwuppdiwupp haben wir wieder eine mopsfidele BibaBundesrepublik und kommen euch auch mal besuchen, wenns nicht zu teuer ist.

Ohne jeden Zuckerguss 2
Wie der Ossi den Wessi sieht

Die längste Zeit haben sie uns verarscht, jetzt ist Schluss! Während die fetten Wessizecken Cappuccino gesoffen haben und mit ihrem Porsche durch die Welt geschiggert sind, mussten wir Russisch lernen und Altmetall sammeln. Jetzt sind wir mal dran mit Gutgehenlassen. Wir haben immerhin die einzige friedliche Revolution auf deutschem Boden gestemmt, ein Unrechtssystem mit eigenen Mitteln beseitigt. Ihr habt in der Fettlebe geschwelgt und euch von den Amis pampern lassen. Herausgekommen ist dabei eine sechzigmillionenfache große Fresse und nix dahinter. Ihr seid doch angeblich so schlau, dann macht uns doch mal Arbeitsplätze, ihr Super-Wessis. Wir sind ja klein und doof, wir können das nicht. Die besten Leute habt ihr 40 Jahre lang über die Mauer gelockt und danach kamen sie in noch größeren Scharen zu euch. DDR-Bürger haben mit ihrem Fleiß und ihrem Können die BRD aufgebaut. Heute, wo wir euch mal brauchen, wollt ihr nichts davon zurückgeben: Egoistische Dreckschweine, von Volkssolidarität wohl noch nichts gehört, was! Die Russen waren schon arrogant die ganzen Jahre über, aber die Wessis sind schlimmer – die laufen überall frei rum in unserer Republik, als ob's ihre wäre, kaufen unsere Datschen am See und rauben unsere Frauen. Aber wir werdens euch schon zeigen: Bald kommen alle Porsches und BMWs aus den neuen Bundesländern und dann müsst ihr nach Leipzig oder Dresden fahren, um euern schicken Schlitten abzuholen, ihr arroganten Säcke. Und dann seht ihr, dass Dresden heute schon schöner ist als euer verschissenes Köln oder Hamburg. Und dann fahrt ihr durch unsere Biosphären-Reservate und Alleen, und wenn ihr dann wieder in eurer zersiedelten Pissgegend seid, müsst ihr kotzen. Ätsch! Wir sind die Zukunft, ihr seid eben die »alten Bundesländer«. Das klingt nicht nur nach Vorgestern, das ist auch so. Noch zehn Jahre Ost-West-Ausgleich und wir sind Kalifornien und ihr seid Oklahoma. Geschieht euch recht, ihr blöden Schlauberger!

Das wurde aber auch Zeit
Der Wesenstest für alle Ausländer

Sie leben oft seit mehreren Jahrzehnten unter uns, weigern sich aber beharrlich, die deutsche Kultur und Sprache anzunehmen. Jetzt ist Schluss! Berlins Ausländerbeauftragte Barbara John machte den Anfang und forderte obligatorische Sprachkurse für Türken und sonstige. Aber reicht das? Ich meine nicht!

Deshalb dieser Wesenstest für alle hier lebenden Ausländer, mit dem das eindeutige Bekenntnis zu unserer Kultur nachgewiesen werden kann:

1. Mindestens zwei Bratwürste essen pro Woche. Der Verzehr muss durch Haaranalyse nachgewiesen werden. Indische Computerspezialisten dürfen auf Antrag auch Currywürste essen.

2. Folgende Gegenstände müssen sich im ständigen Besitz befinden:
   - Schlagbohrmaschine mit Wechselfutter
   - Rasenkantenschere
   - Hochdruckreiniger
   - Kabeltrommel

3. Ständig auf sich zu tragen ist auch ein Ganzkörperfoto im Ballonseidenanzug, vierfarbig, wobei mindestens eine Farbe Lila zu sein hat.

4. Im Geltungsbereich des Grundgesetzes ist Schweinefleischpflicht.

5. Teilnahme an einem Bildungstest:

A. Mathematik:
Die Zahlen 05, 96, 1860 und 04 sind folgenden Städten zuzuordnen:
Hannover, Mainz, Schalke, München.

B. Geografie:
In welchem Land liegen die Flüsse Maas und Memel?

C. Geschichte:
Welcher Ausländer hat es bis zum deutschen Kanzler geschafft?

D. Physik:
Aus welchen drei Bestandteilen besteht deutsches Bier?

E. Chemie:
Wer trainiert Bayer Leverkusen?

F. Zoologie:
Welches Auto ist das erfolgreichste aller Zeiten?

G. Religion:
Wie heißt das Buch mit dem Wort Gottes drin: Meran, Koran oder Kormoran? Achtung, hier genau überlegen! Fangfrage!

H. Allgemeinwissen:
- Welcher Ausländer spielte 1976 in der Bundesliga beim Spiel gegen den VfL Bochum in welchem Verein?
- Welche Schlüsselgröße gehört zu einer M6-Schraube?
- Was fängt Fischers Fritze? (gleichzeitig Phonetik-Test)

I. Musik:
- Olé, wir fah'n innen Puff nach ... (Bitte ergänzen!)
- Oh du schöhöhöhöner Harz ... (Was ist hier falsch?)
- Welcher Neger findet, dass ein bisschen Spaß sein muss?

J. Sprache:
- Was sind Blumento-Pferde?
- Bitte nachsprechen: Kaiserlich-königliche Donaudampfschifffahrtsgesellschaft! (drei Versuche)

- Bilde die erste Person Einzahl der starken Vergangenheitsform folgender Tätigkeitswörter: backen, fragen, heißen!
- Übersetze folgenden Vers in mindestens zwei ältere Sprachstufen des Deutschen (z.B. Mittelhochdeutsch, Altsächsisch oder Ostgotisch): Vor dem Re-Start des Rechners bitte die Preferencies trashen!

Wer alle Fragen richtig beantworten kann, wird Deutsch-Ausländer auf Probe und kann nach 10 Jahren die Daueraufenthaltsberechtigung Typ B beantragen – die gilt nur für die neuen Bundesländer. Neu ist, dass diese auch aberkannt werden kann. Folgende Umstände können sogar bei gebürtigen Deutschen zu einem Entzug des Personalausweises führen:

- Wiederholtes Anschaffen asiatischer Pkw.
- Verzehr von Döner Kebab oder Gyros, wenn in zumutbarer Entfernung auch Bratwürste angeboten werden.
- Reis als Beilage wählen in Kantinen oder Raststätten, wenn es auch Kartoffeln gibt.
- Dauernd auf der rechten Spur fahren auf Autobahnen.
- Sich in der Öffentlichkeit positiv über Holland äußern.
- Leute vorlassen an der Supermarktkasse.
- Spanisch sprechen auf Mallorca.

Wenn innerhalb eines Jahres mehr als drei dieser Umstände eintreten, wird der Personalausweis eingezogen und die frei werdende Stelle als Deutscher einem Ausländer übertragen – mitsamt Familiennamen, Ehegatten, Jägerzaun und Rasenkantenschere.

Unterm Rektum tut sich was
Moderne Notdurft

Je schlechter es einer Gesellschaft geht, desto aufwändiger wird öffentlich geschissen. In den Jahren des Wirtschaftswunders war die Bahnhofstoilette geradezu Inbegriff des Ekels: Ein bestialischer Ammoniakgestank schlug dem Besucher entgegen, in den Kotzellen hatten die Geschäftsleute Spuren einer Vollbremsung hinterlassen, die sich über Jahre hielten. Dafür war der Eintritt zum Abtritt mit zwo Groschen angenehm günstig und sicherte den kackenden Massen eine gehörige Portion Kaufkraft. Heute bei McClean werden 60 Cent aufgerufen nur fürs Wasserlassen, dafür blitzt aber auch das Kotgestühl und alle zwei Minuten wischt eine devote Schwarzhaut durch den Raum. Auch dem einfachen Arbeitnehmer ist es heute vergönnt zu stuhlen wie einst in Deutsch-Südwest, nur sauberer. Dafür sind 60 Cent wiederum nicht viel. Auch die Autobahnraststätte, einstiger Donnerbalken des Fernlastverkehrs, hat sich eine piekfeine Nasszelle zugelegt. Dort wacht vorzugsweise der Südeuropäer über den ordnungsgemäß abgelieferten Obolus. Mit 50 Cent ist man hier dabei und kann anhand eines Aushangs überprüfen, wann die Pissbude das letzte Mal gefeudelt wurde. Fehlt die Unterschrift, darf man den Prätorianer am Eingang selber zusammenscheißen oder kann sich vertrauensvoll an seinen Abschnittsbevollmächtigten wenden. So wird der öffentliche Schiss allmählich zum einzigen Vergnügen in einer allseits verrottenden Republik. Seitdem die gebeutelten Kommunen ihre unterirdischen Fäkalbunker privatisiert haben, sind auch dort aus schmuddeligen Strichertreffs formidable Hygienecenter geworden. Die ganze Entwicklung gibt einem zu denken: Eine Gesellschaft, die sich auf den Aftermarkt konzentriert, hat auf dem ersten Markt anscheinend nichts mehr zu bieten. Es ist ja schön, dass es dem Arsch immer besser geht in Deutschland, aber davon wird der Bauch nicht voll. Lieber nach 'ner anständigen Mahlzeit schlecht geschissen, als hungrig bei McClean ästhetisch wertvoll Wasser abgeschlagen.

Neuguinea gleich um die Ecke
Welt der Behörde

Wir freien Menschen, die wir eine Behörde nur von gelegentlichen Besuchen her kennen, haben überhaupt keine Ahnung, welcher Irrsinn dort die Regel ist. Damals, als der preußische Staat das Amt zu seiner klassischen Größe formte, herrschten dort die drei großen »A«: Auftrag, Ausführung, Anschiss.

Und damit keiner auf dumme Gedanken kam, wurde das Vegetieren auf der Schreibstube auch noch schlecht bezahlt. Bravo! Auch wenn es nicht wirklich der Effektivitätsknaller war, so hielten sich immerhin die Kosten in Grenzen. Auf den Ämtern dämmerten alte Kommissköppe dem Heldengrab entgegen und das Volk hatte weitgehend seine Ruhe.

Seitdem aber der 68er die Behörde als innerdeutschen Toskana-Ersatz mit Pensionsberechtigung entdeckte, weht ein anderer Wind im Reich der Klarsichthüllen: Jetzt wird alles diskutiert, mit anderen abgestimmt, niemand darf sich übergangen fühlen und wer weiß, was bei der nächsten Sitzung herauskommt. Viereinhalb Millionen Figuren schleichen alltäglich durch die Flure und überlegen, was sie als Nächstes verhindern können. Arbeit ist Kraft mal Weg. Um also viel zu arbeiten, muss man einen der beiden Faktoren möglichst hochtreiben. Das Amt hat sich für den Weg entschieden. Leistung ist Arbeit durch Zeit. Wenn der Nenner gegen unendlich wächst, wird die Leistung winzig klein. Ziel erreicht! Wie bescheuert muss man eigentlich sein, um in diesem System Teile seines Wachzustandes zu verplempern? Trotz der unendlich zähen Abwicklung beherrscht eine Angst die Schleichkatzen auf dem Linoleum: Die Arbeit könnte weniger werden, die Aktenberge dahinschmelzen, das eigene Aufgabengebiet sich als genau die hohle Nuss erweisen, die es seit Anbeginn war. Deshalb entwickelt der Homo pollundris geradezu atemberaubende Effizienz, wenn es gilt, neue, noch irrsinnigere Betätigungsfelder zu erschließen. Und sind sie erst so weit diskutiert, dass auch möglichst viele Schleichkatzenrefugien davon profitieren, wirds Gesetz und Verordnung. Damit geht die geballte Macht dann dem Volkskörper an die Gurgel und würgt ihn, bis er das Japsen sein lässt. Doch irgendwann kommt der Tag, da ist die Kuh ausgemolken und viereinhalb Millionen Schleichkatzen müssen lernen, dass Geld verdienen und Gehalt beziehen zwei grundsätzlich verschiedene Dinge sind.

Es weihnachtet sehr
Wenn der Fundraiser zweimal klingelt

Die Haustür ist nicht länger ein Ort der menschlichen Begegnung. Noch vor Jahren klingelte allerlei Gelichter an den Hauseingängen: die Scherenschleifer, Zeugen Jehovas, entlassene JVA-Zöglinge, Schornsteinfeger, Gasableser oder Verkäufer mundgemalter Weihnachtsgrüße. Selbst Lebensversicherungen und Kapitalanlagen wurden mal eben zwischen Tür und Angel abgeschlossen. Mit der Einführung des Rücktrittsrechts von Haustürgeschäften brach der lukrative Markt des Übertölpel-Business allerdings zusammen. Davon betroffen ist auch ein Geschäftszweig, der sich dem Edlen und Guten verschrieben hat: die Spendensammler. Just zur trüben Weihnachtszeit, wenn der zirzensische Arbeitnehmer sein Lama wieder in die Einkaufszone treibt, beginnt auch der Abschöpfungsversuch auf den weihnachtlichen Zehnten des Wohlstandsbürgers.

Der Ehrenamtliche mit der Rasseldose an der Tür ist passé, auch die Postwurfsendung mit dem vorbereiteten Überweisungsträger ist von gestern. Ersterem wird nicht geöffnet, Letztere wandert sofort auf den Altpapierstapel. Der Zugang zu den Herzen des Mitleid-Endverbrauchers ist schwieriger geworden. Es gäbe aber auch so viel zu unterstützen: den Kampf gegen den Hunger in Afrika, die Blindenmission, Greenpeace, das Beamtenheimstättenwerk – überall tritt uns das Elend entgegen und vor lauter Opfern verlieren wir den Glauben an die Linderung der allgegenwärtigen Misere.

Was solls, sagt sich da das steinerne Herz und kauft sich lieber einen neuen DVD-Player. Das wissen natürlich auch die Spenden verarbeitenden Organisationen und setzen auf Professionalität: Der Fundraiser, ausgebildeter Diplomspendenwirt, rückt den kalten Herzen auf die Pelle. Über dem hartumkämpften Markt der Gebebereitschaft weht der kalte Hauch des Kapitalismus. Ohnehin schon abgeschottet gegen mitleidheischende Kindergesichter in den Zeitungen (»das kommt sowieso nicht da an, wo 's hinsoll«), bietet sich dem Spendenmuffel hier ein neues Argument: »Ich lass mir doch nicht von Profis das Geld aus der Tasche ziehen.« Es ist schon ein Unterschied, ob das betagte Mütterlein mit der Rasseldose vor der Tür steht, und dem ertappten Gewissen keine Ausflucht mehr einfällt, oder ob der Fundraiser zweimal klingelt. Niemand hat ja Geld zu verschenken und jeder erwartet einen gewissen Gegenwert. Beim Mütterlein oder dem irgendwie Amputierten waren es die dankbaren Augen des mit Valuta Bedachten. Der Fundraiser hingegen verkauft Sinn, ein rares Gut in dieser Welt. Wer vor lauter überflüssigem Elektronikkrempel in der eigenen Wohnung dauernd auf die Fresse fliegt und nicht wirklich schon wieder eine teure Armbanduhr gebrauchen kann, der schenkt sich selber gern ein Stückchen Sinn zum Fest: die Brunnenbohrung in Südindien, das Patenkind im Sudan. Wichtig ist dabei vor allem die Überschaubarkeit des Angebots, dazu muss das Elend parzelliert oder personifiziert werden. In das große schwarze Loch der Bedürftigkeit wirft niemand gern sein Weihnachtsgeld und der anonyme Gesamtleidende ist auch keine gute Empfangsadresse. Den Profis im Sammelgeschäft

Heiner K. blickte aus seinem Badezimmerfenster und wusste, dass es Zeit war, die Tabletten zu nehmen.

obliegt demnach die Aufgabe, die rationale Schwelle des Nichtspendens zu untergraben, um direkt ins kalte Herz des Endverbrauchers vorzustoßen. Neben den klassischen Mitleidsbewerbern erscheint in diesem Jahr ein neuer Anbieter auf dem Markt der Mildtätigkeit: Gerhard Schröder, klammer Insolvenzverwalter aus Berlin. Noch droht er mit der Steuerkeule, doch je weiter sich das Fest der Liebe nähert, desto mehr wird er betteln müssen, dass ihm überhaupt noch jemand zuhört. Und ist das nicht ein viel größeres Geschenk, als noch mehr Geld, das eh nur wieder zum Fenster rausgeschleudert wird?

Schlecht kopierte Subkultur
Women on wheels

Guck mal einer an, denkt der eingefleischte Frauenhasser, »Women on Wheels«: Da werden wieder Weiber aufs Rad geflochten wie einst im Mittelalter, is doch schön. Doch falsch, als »Women on wheels« bezeichnet sich eine Gruppe Andersgeschlechtlicher, die das gerädete Dasein als Sozia satt haben und nun selbst das Mopped lenken wollen. Dieser neuen Konsumergruppe verdanken wir die tiefer gelegte Sitzbank und das Motorrad zum Knuddeln, auch Softchopper genannt. Damit bummeln die Frauen auf Rädern durch die Landschaft und wenn am Horizont ein gelbes Rechteck auftaucht, das entfernt an ein Ortseingangsschild erinnert, fallen sie sofort in die 50-km/h-Starre. Überhaupt ist das strikte

Befolgen der StVO heimliches Hobby der Bikerinnen. Männer rasen mit gestrecktem Mittelfinger auf Radarfallen zu, Frauen fürchten, dass sie sich nach ihnen umdreht und von hinten fotografiert. Männer überholen grundsätzlich jedes vierrädrige Fahrzeug, weil da sowieso nur Arschlöcher drinsitzen. Frauen fühlen sich stundenlang im Windschatten eines Treckers wohl und überholen nur, wenn im linken Schminkspiegel nichts als der weite Horizont erscheint. Warum fahren sie dann überhaupt Motorrad, es gibt doch jede Menge Twingos zum rumkutschieren? Der Grund liegt in der weiblichen Wahnvorstellung, dass überall dort, wo Männer bisher unter sich waren, geheime Paradiese locken. Deshalb werden junge Mädchen Polizisten, gehen zur Bundeswehr oder kaufen sich 'nen gebrauchten Radlader. Doch pardautz, is gar nich so toll, das vermeintliche Männerparadies: Kotze auf dem Rücksitz des Bullenautos, Scheiße fressen, wenn der Hauptfeld brüllt – alles gar nich so knuffig wie gedacht. Haha, aber das Motorradfahren, wenn da frau mal nicht wieder was vorenthalten wird vom Schwanz-Regime. Und schon schleicht das reife Weib zum Fahrschulfritzen, wirft ihm 2000 Euronen in den Schlund, kauft sich dann einen blitzeblanken Softchopper, ein knackiges Leder-Outfit sowie dreißig völlig unverständliche Straßenkarten und beginnt ihr Wochenenddasein als Woman on wheels. Doch statt ins verborgene Land maskuliner Lustbarkeit, tritt sie ein in die öde Welt des männlichen Penislängenvergleiches – und da is für sie kein Blumentopf zu gewinnen.

Das Glas ist immer halb leer
Die zweite Hälfte

Jedes Ding bis runter zum Atom hat zwei Hälften, die Ehe sogar eine bessere, die keine ist; beim Brötchen schmeckt nur die obere, im Leben nur die erste und ausschließlich im Fußball kann sich darin noch alles ändern. Die zweite Hälfte ist der beschissenere Teil vom Ganzen, hier muss man ausbaden, was man in der ersten angerichtet hat. Saufen, Quarzen, Penis in viele Menschen reinstecken und schon erlebt man seine zweite Lebenshälfte gar nicht mehr. Wobei das natürlich unlogisch ist, denn ist das Dasein noch so kurz, jeder hat darin 'ne zweite Halbzeit, die Frage ist nur, wann sie beginnt. Im Gegensatz zum Fußball pfeift nämlich nicht irgendwann der Schiri und man weiß: Die eine Hälfte ist jetzt rum. Das Leben ist überhaupt weit weniger lustig als der Rasensport. Ist man mit 70 noch unentschieden, was aus einem werden soll, geht das Leben trotzdem nicht in die Verlängerung, sondern es beginnt gleich das Elfmeterschießen auf den Brustkasten: Herzi, Prostata, Bypass, Krebs und Diabetes – einer trifft immer. Zieht sich im Fußball die zweite Hälfte oft unendlich hin, gehts im Leben rasend schnell dem Abpfiff entgegen.

Auch das Kalenderjahr hält in den ersten sechs Monaten allerlei Hoffnungen bereit: Wirds ein heißer Sommer? Passiert was in der Politik außer blöd grinsen? Stirbt ein Promi, dem man es schon lange gegönnt hat? Wird endlich das Autobahnteilstück nach 20 Jahren fertig? Das sind die Hoffnungen zwischen Januar und der Jahresmitte. Am 30. Juni ist dann alles klar: Morgen beginnt die zweite Hälfte, darin passiert absolut nix mehr: Sommerpause, Etat ist schon verbraucht, lohnt sich eh nicht mehr, das Arschloch geht auch nicht tot ... Was solls: Der Rest zwischen Juli und Silvester wird nur noch runtergerissen. Das Jahr ist tot, es braucht bloß sechs Monate zum Krepieren. Jetzt fängt nichts Neues mehr an und das, was in der zweiten Jahreshälfte beginnt, steht unter einem schlechten Stern: die Beziehung zu Jutta, der zweite Weltkrieg. Und seitdem die Bälger nicht mehr zu Ostern eingeschult werden, bleiben sie ihr Leben lang doof.

Pubertät als Dauerzustand
Anti-Aging

Älter werden wollen alle, älter sein will dagegen niemand gern. Drum kämpft der demografisch gebeutelte Deutsche tapfer gegen Hängearsch und Hühnerhals, gegen Runzelface und Rheumaknie. Damit die Restaurierungsarbeit am körpereigenen Faltenwurf etwas schicker klingt, nennt sich dieses Hobby Anti-Aging. Zuerst denkt man dabei an Hitler, Stalin, Mao, Pol Pot und ähnliches Gelichter, das ja Anti-Aging für Millionen Menschen konsequent betrieben hat. Doch das ist gar nicht gemeint, eigentlich gehts nämlich um Pro-Aging, nur mit Verkaufslackierung. Älter werden, ohne dass mans sieht. Schon vor Jahren pfiff sich der Drittzahn zu dem Behufe Knoblauchpille und Ginsengwurzel rein. Mittlerweile kann man von der Vitaminüberdosis bis zum tibetischen Rattenembryoextrakt alles kaufen, von dem man sich ein paar zusätzliche Jährchen verspricht. Doch was will man mit der gewonnenen Lebenszeit, wenn die Performance schwächelt. Deshalb muss auch außenrum die Karkasse etwas aufgebügelt werden: Faltencreme und Fettabsauge, Euterlift und Pimmelsteife, alles erdenkliche wird unternommen, damit man mit 80 aussieht wie ein 20-jähriger Herointoter. Schöne Sache an sich, allein der Endlichkeit des irdischen Verweilens ist nur ein Aufschub abgetrotzt, und nicht mal ein erstrebenswerter. Bleibt noch die vorläufige Stilllegung der Biomaschine: Schweine hat man bereits in den Scheintod versetzt, und wenn die Kotelettpreise wieder anziehen, wird die Sau zu neuem Leben erweckt. So liebäugelt nun auch mancher Greis mit dem eignen Tod auf Zeit. Vier Jahre einfrieren lassen, bis die große Koalition überstanden, zehn Jahre, bis der blöde Gatte endlich tot ist, oder gleich ein halbes Jahrhundert, um der eigenen Brut gehässig bei deren Verwelken zuzuschauen. Diesem Gar-nicht-Aging mit dem Druck auf die Pausentaste des Lebens steht ein anderer Trend entgegen: das Happy-Aging. »Runzelfresse – find ich gut«, lautet deren Motto, und mit einem Liedchen auf den Lippen zittern die alten Knochen dem Grab entgegen. Für welches Aging man sich auch immer entscheidet, das Null-Aging vom Verstand gibts umsonst dazu. Um doof zu bleiben wie mit vierzehn, bedarf es keiner Faltencreme, die Runzeln auf der Großhirnrinde ziehen sich ganz von alleine glatt.

Kabbalistik des Mechatronikers
Auto kaputt

Irgendwas klappert an der Karre, beim Auskuppeln kommt ab und zu so ein knarzendes Geräusch. Der Mechatroniker steckt seinen Diagnosepimmel in die Buchse unterm Aschenbecher. »Ja, die ausgelesenen Daten sind völlig normal. Da müssten wir mal reingucken, kann sein, dass es nur 'ne ausgeschlagene Buchse ist, das ist ein Pfennigbetrag, also ca. achtzig Euronen.« In Autowerkstätten hat die Währungsumstellung einen ganz eigenen gefühlten Umrechnungsfaktor erreicht. »Kann natürlich auch die ganze Kupplung sein, oder das Getriebe.« Sicher, warum nicht gleich der Dachgepäckträger, kann doch alles sein, dafür geht man schließlich zum Fachmann. »Ich mach Ihnen mal 'nen Vorschlag, wir gucken mal rein und dann wissen wir mehr, isses nur die Buchse, da kommen schlappe hunnertzwanni auf Sie zu, plus Stunden …« Sind jetzt schlappe 120 Euro gleich 80 Euro, oder wie läuft die Umrechnung und wie addiert man Valuta mit Zeiteinheiten? Ich wurde sofort aufgeklärt: »Dreieinhalb Stunden sind vierzwanzig plus Märchen, wenn wir nix finden, haben wir jedenfalls mal reingeguckt.« Doch zwei Tage später hatten sie was gefunden, und mir fiel ein Stein vom Herzen, dass die 420 nicht vergebens waren. »Es war das Getriebe, ab nach Merseburg, das kommt in einem von 100 000 Fällen vor bei dem Modell.« Mich überkam sofort ein gewisser Stolz, einer dieser Auserwählten zu sein. Und »Merseburg« bedeutete anscheinend im wirren Idiom des Mechatronikers nichts anderes als Schrott. »Neu kostet es ab Werk zweieinhalb, plus Bereitstellung, plus Überführung, plus Lagerkosten bei uns, ja, das wären dann übern Daumen schlappe vier.« Wenn 80 Euro schlappe 120 sind, müssten nach dem ewig gültigen Gesetz des Dreisatzes schlappe vier 2666 sein, also billiger als der EK ab Werk. Sehr schnell stellte sich jedoch heraus, dass schlappe vier in Wahrheit harte fünf sind bei Licht besehen. »Ja und wenn wir schon mal alles aufhaben, dann würd ich die Kupplung auch gleich mit austauschen, wäre ja blöd, wenn Sie nächste Woche noch mal wiederkommen müssten, z. B. nur mal den Fall angenommen.« Das wäre in der Tat voll bescheuert, also raus mit der alten Schlampe. »Ich sag mal, für übern Daumen anderthalb könnten wir Ihnen das machen.« Geschenkt, da sollte man doch öfter mal zum Kupplungshoppen vorbeigucken. »So, am Freitag müssten wir dann alles soweit wieder zusammenhaben.« Auf dem Nachhauseweg zu Fuß rechnete ich mal kurz durch: Schlappe vier macht fünf plus überndaumene anderthalb macht zwei plus Märchen gleich achttausendeinhundertzwanzig, oder schlappe neun, wie wir Insider sagen. Als ich den Wagen dann abholte, warens dann doch eher schlappe elf, denn ich Trottel hatte die ominösen eigenen Schmierstoffe und Kleinteile vergessen. Drei Wochen später knarzte es wieder beim Auskuppeln, aber diesmal war ich schlauer: Ab ins Internet mit der Karre. Weggegangen isser für schlappe sechs, also ehrlich gesagt für vier ohne Märchen.

Tanz um die Thermoskanne
Das Meeting

Menschen plappern dauernd in ihre Faselfunke, verschicken lustige E-Mails mit der Streubreite einer Splitterbombe und simsen sich die Griffel wund. Da könnte der naive Beobachter meinen, der Bedarf an Kommunikation sei gedeckt. Falsch geraten! Parallel zum Anstieg des elektrischen Geblubbers steigt das Bedürfnis nach leiblicher Gegenüberstellung, moderndeutsch »Meeting« genannt. Damit Doofmanns PC- und Handy-Gehacke nicht intellektuell abkackt gegen das persönliche Gespräch, muss auch das Meeting sinn- und ergebnisneutral verlaufen. Man trifft sich irgendwo und irgendwann rund um etwas Gebäck und Thermoskaffee, jeder spritzt etwas Meinung ab, und dann rauschen alle mit dickem Kopp zurück in ihre Klause. Hängen bleibt stets der gleiche Eindruck: Das Treffen war komplett überflüssig. Nun weiß aber der Determinist, dass wenig auf dieser Welt ohne Zweck vonstatten geht. Demzufolge muss selbst das Meeting mehr sein als eine Séance des Absurden im Zeitalter des Wasserkopfs. Warum also rasen Menschen Hunderte von Kilometern über Autobahnen, setzen sich in Flugzeuge, nur um sorgsam ausgearbeitete Pläne dem Meinungsfeuer quer sitzender Fürze auszusetzen? Da hat eine Arbeitsgruppe wochenlang an einem Projekt gewerkelt oder eine Kampagne entwickelt und muss sie nun in einem Meeting einer Horde von Arschgeigen präsentieren. Die einen stehen hundertprozentig im Thema, haben jede Eventualität schon tausendmal durchdacht, die anderen haben von nix 'ne Ahnung – das ist das normale Szenario des Meetings. Und weil auch der Doofe sich nachher im Ergebnis wiederfinden will, stirbt jedes ambitionierte Projekt in der Quasselrunde den demokratischen Tod. Wer mal richtige Meeting-Scheiße sehen will, kann sich die Programme politscher Parteien durchlesen. Aber die Frage war ja, warum das Phänomen trotz seiner zerstörerischen Kraft gegen alles Neue, Kreative und Gewagte existiert. Ein Grund ist die Vorladungsmentalität der Chefs. Es sonnt sich jede herrschende Arschmade im Lichte ihrer Macht, Untergebene, wann immer sie will, heranzupfeifen. Der zweite Grund ist die Angst vor der eigenen Courage. Da suhlt man sich doch lieber im warmen Schlamm des Konsens, als allein das Maul aufzureißen. Und so hat das Meeting eine glänzende Zukunft vor sich, denn dort entspringt das Geblubber als Vortäuschung beabsichtigter Taten.

Digitaler Dienstleister
Der Computerschreck

Hip und cool ist es, im Computerbusiness aktiv zu sein, doch warum zieht dann ausgerechnet dieses Geschäftsfeld so viel Heckenpenner in seinen Bann? Will man etwa neue Software über den Internetshop eines großen Anbieters bestellen, so annonciert die Krampe vollmundig: in 24 Stunden lieferfertig, in fünf bis sieben Tagen ausgeliefert. Das ist ja toll, jeder Kleinstversand bei eBay schafft mir die Sore in spätestens 48 Stunden an die Haustür, wenn ich sie über

E-Mail bestelle. Auf telefonische Nachfrage, woran's denn liege, das Rumgetrödel, antwortet der osteuropäische Callcenterinsasse: Am E-Mail läge es, über Telefon gings 'ne Prise rascher. Na hoppala, dem kommunikationstechnischen State-of-the-Art ist die Computerbranche also noch gar nicht gewachsen. Ein Oldtimer-Ersatzteil kann ich mir problemlos über E-Mail aus dem letzten Winkel der Erde ratzfatz ordern, aber wenn ich ein cooles Produkt der Moderne haben möchte, muss ich zum altehrwürdigen Fernsprechapparat greifen, damit die Heckenpenner im Softwarestore Gummi geben. Womöglich würde die Bestellung im Schnabel der Brieftaube den Vorgang nochmals beschleunigen. Wer sich selbst für die Leitindustrie des Planeten hält, dem scheinen die Niederungen des modernen Kundenservice zu schnöde, um sie zu optimieren. Eh schon wird Halbfertigware eingetütet, und was in der Automobilindustrie weltweiter Rückruf heißt, nennt sich bei den Weichwarenherstellern kostenloses Update. Wo so viel Arroganz und Unvermögen aufeinander treffen, siedelt sofort ein ganz bestimmter Schlag von Angestellten: dem Produkt abgöttisch zugetan, von sonst nix 'ne Ahnung. Wir kennen diese ideologischen Autisten bereits aus dem linken Plattenhandel, der Ökobäckerei, dem Radgeberhuharahar-Fahrradladen oder vom Bierzapferteam des Kulturprojekts: Linke Hände, bis der Arzt kommt, rechte Hirnhälften im Solobetrieb. Da fleht der Kunde ergebnislos den Herrn an ob so viel Unfähigkeit im Dienste des Kunden. Nachdem Vollkornbemme und Vaginalfurunkel vermeidende Damenfahrradsättel auch schon im Kaufhaus vertickt werden, siedelt der gemeine Kundenschreck jetzt im Computerladen. Zusammen mit dem Software-Trödelversand gibt er uns die Gewissheit, dass auch in Zeiten der Globalisierung alte deutsche Tugenden wie Patzigkeit und generelle Zublödheit ihren Raum im Geschäftsleben immer noch ausreichend finden.

Im Morgengrauen der Amtszeit
Die Kanzlerin

An einem nebligem Vormittag im November 2005 wählte der Deutsche Bundestag die Abgeordnete Angela Merkel zur ersten Kanzlerin: ein großer Schritt für das undurchsichtige Wesen aus der Uckermark, ein kleiner Schritt für das Land. Helmut Kohls Mädchen hat es also geschafft, den abgewirtschafteten Laden von der rot-grünen Spaß-Guerilla zu übernehmen. Immer wenn eine Regierung abdankt, weht ein kurzer Hauch der Hoffnung durch das Land. Schlimmer kanns ja eigentlich nicht mehr werden, flunkert sich der Bürger wider besseres Wissen selber vor. Das dachte man schon nach Helmut Kohl, und siehe da: Grinse-Gerd fand doch noch einen Ausweg aus der Vernunft und bescherte uns sieben lange Jahre politische Dürre mit milliardenschwerer Hypothek auf das gelenzte Volksvermögen. Dafür darf er jetzt seine Memoiren für 'ne Million Euro versteigern, und für jede durch ihn besetzte Comedyveranstaltung hoch fünfstellig kassieren. Miss Merkel muss erst noch durch die Hölle ihrer Amtszeit schlittern, bevor sie an die Fleischtöpfe der elder Statesmen gelangt. Angie-look-a-likes werden die Witzesendungen des Fernsehens bevölkern, jeder durchgeknallte Radiosender hat 'ne lustige Kanzlerinnen-Serie im Programm: »Merkel, das putzige Meerschweinchen«, »Angie: Unglücklich in Berlin«. Man wird ihr die Garderobe zerpflücken, die Frisur rezensieren, und Gesichtschirurgen geben Exklusiv-Interviews über die Chancen einer Mundwinkel-Korrektur. Es ist ein Leben, das sich nur ein völlig bekloppter Masochist wünschen kann, dem die häuslichen Auspeitschungen nicht mehr genügen. Je länger sie Kanzlerin ist, desto mehr wird sie sich deshalb in den künstlichen Kokon ihrer Parallelwelt verabschieden. Dort, wo man noch glaubt, dass Politiker die Gesellschaft gestalten und Sabine Christiansen kein Comedy-Magazin ist. Sie wird wie all ihre Vorgänger wichtig, wichtig durch die Welt krajohlen, aus Limousinen springen, Nullsätze in Mikrofone murmeln. Und irgendwann wird der Zeitpunkt kommen, wo auch sie zur Regierungsendzeitfigur geworden ist. Entweder gemeuchelt von den lieben Parteifreunden oder abgewählt vom launischen Untertan. Dann wird auch sie vor ein paar hundert Männern in Uniform stehen, die ihr einen blasen. Und wir alle werden danach wieder denken: Schlimmer kanns ja jetzt eigentlich nicht mehr werden. Und wir werden uns dann genauso täuschen wie heute.

*Kein Wort Deutsch sprechen, keinen Hauptschulabschluss – aber
'nen ganzen Stall voll Blagen: Das ist wieder mal typisch Ausländer.*

Lieblingsspruch der leeren Hülle
»Es geht um Inhalte!«

Warum redet der Polithansel eigentlich so viel gequirlte Kacke? Eigentlich ist er ja auch nicht wesentlich blöder als wir, hat oft eine weiterführende Schule besucht, mancher gar die Alma Mater mit Bravour beendet. Dennoch perlt nur Dünnschiss über seine Lippen, sobald eine Kamera auf ihn gerichtet ist. Benimmt der sich privat genauso? Sagt er seiner Frau etwa auch »Es geht um Inhalte, Schatz«, wenn sie sich leise Kritik am schwabbeligen Äußeren des Volkstribuns gestattet? Warum reden die so? Da diese Menschen nicht dämlich sind, müssen sie in stetiger Autohypnose ihren Restintellekt bekämpfen. Als Selbstverblödungs-Mantra brabbeln sie Sätze vor sich hin wie »Das rot-grüne Projekt blickt mit Stolz auf seine Erfolge« oder »Die soziale Gerechtigkeit steht obenan auf der Agenda«. Hä? Wer ist tot? Wie oft muss man das runterblubbern, um es zu glauben? Reichen fünfundzwanzig Stunden am Tag? Für jeden Klippschüler offensichtliche Lügen werden frech ins Mikrofon gesabbert, von der Konjunktur, die sich angeblich dauernd erholt, dem Land, das zukunftsfest – was? – gemacht werden muss, den Menschen, die man trotz aller notwendigen Reformen irgendwo abholen und dann auf jeden Fall mitnehmen muss. Aha, werden in Deutschland schon wieder Menschen abgeholt, soso! Der Wortmorast quillt täglich durch die Medien, und die Tagesschau, das Leitmedium der Volksverblödung, zitiert mit ernster Miene jeden Abend die albernsten Sätze des Tages: »Man muss jetzt den Helm enger schnallen«, sagte Franz

Müntefering auf einer DGB-Kundgebung in Dortmund. Sieh an! »Ich hätte gerne Ketchup auf die Fritten«, sagte Dietmar Wischmeyer anlässlich einer Bestellung an einem Imbissstand in der Nähe des Kanzleramtes in Berlin. Sätze von einer intellektuellen Tragweite im Nanobereich sind fester Bestandteil des Wiederkäuer-Journalismus. Und da werden sie erneut von Politikern gehört und dann wieder ins Mikrofon gebrochen, so lange, bis die Gebetsmühle aus einer semantischen Null etwas Bedeutendes geformt hat. Dann tritt wieder irgendein Merkelwesen oder geschröderter Hansel vor die Kamera und sagt mit ernstem, leicht vorwurfsvollem Blick: »Es geht um Inhalte!« Wir alle wissen zwar, dass es darum zuallerletzt bis überhaupt nicht geht, mussten den Blödsinn aber schon so oft hören, dass die Antikörper im Hirn den Kampf längst eingestellt haben, wenn Claudia Roth, Stoiber, Ulla Schmidt und Westerdingsbums im Fernsehen Dünnschiss blubbern. Nanana Wischmeyer, jetzt aber nicht persönlich werden, es geht schließlich um Inhalte!

Tod eines Handlungsreisenden
Existenzgründer

Das Scheitern in diesem Land trägt viele schöne Namen: Langzeitarbeitssuchender, Transferleistungsempfänger, oder den allerschönsten: Existenzgründer. Vornehmlich die Anbieter von Grillmobilen bei eBay verheißen den Weg in eine sorgenfreie finanzielle Zukunft, kaufe man nur ihre rasende

Frittenkiste. Nun wissen wir alle, die wir schon mal Kunde waren an einem der fliegenden Bratstände, dass zu deren Betrieb mehr vonnöten ist als sonst nix können. Warum ausgerechnet jene, die nicht mal als abhängig Beschäftigte ein Bein an die Erde kriegen, ihr Heil im Unternehmertum suchen, bleibt ein ewiges Rätsel der Selbstüberschätzung. Neben jeder Art von Mobil-Fraßbuden sucht die durchgeknallte Ich-AG ihr Heil auch im stationären Ladengeschäft: das Nailstudio, der Tattooshop oder die Trockenfloristik gelten als heißer Tipp für Leute ohne Moos und Plan. Da hocken sie sechzehn Stunden täglich im engen Verschlag zwischen ihrem Plunder rum und wundern sich, dass niemand tote Blumen mit rosa Schleifchen kaufen mag. So bleibt der Kapitalismus weiter ein Mysterium, und wenn die Blumenleichen das wenige Kapital aufgezehrt haben, schleicht der gebrochene Entrepreneur zurück zur ALG-II-Bude und bittet erneut untertänigst um Einlass. Noch schlimmer getroffen hat es die Vertriebsnovizen, die mit Ginseng-Gleitcreme und Aloe-vera-Marmelade um die Häuser schleichen. Hinter dieser famosen Geschäftsidee steckt nicht nur die eigene Doofheit, sondern der ausgefuchste Trick einer internationalen Schieberbande, die sich den Existenzgründerwahn zunutze macht. Mit einer todsicheren Franchise-Idee, die nicht mehr wert ist als die zweite Silbe ihres Namens, wird den armen Schweinen für 20 000 Euronen Einstiegspreis ein halber Lkw voll Ramschprodukten vor die Ich-AG gekippt. Damit darf der Endverteiler seine Freunde und Bekannten traktieren, bis er keine mehr hat, und schließlich überraschend feststellt, dass eine Hämorrhoidensalbe auf Kaktus-Basis doch kein Selbstläufer war. Da ist der Existenzgründer dann endlich schlau geworden, reckt den Finger in die Luft, schnappt sich eine Privat-Insolvenz und überlässt den Kapitalismus lieber wieder den Heuschrecken und anderem Ungeziefer.

Der Volkskörper
Faul und gefräßig

Der Politiker, der is vielleicht mal doof und korrupt und überhaupt. Sicherlich, aber manchmal kann er einem auch leidtun bei diesem Arschloch von einem Volk. Faul und gefräßig suhlt sich die Rotte im warmen Schlamm der verwehten Jahre. Die deutsche Vorstellung vom Vater Staat ist so tief eingefressen im kollektiven Bewusstsein, dass jeder Untertan ihm die Alimente abpressen will. Bedürftigkeit ist längst an die Stelle der Leistung getreten. Wer kriminell ist oder stinkt, hat mehr Aussicht auf staatliche Zuwendung als jemand, der nur in Ruhe seine Steuern zahlen will. Das hat sich natürlich bis in die letzten Winkel der Reptilien-Population herumgesprochen. Drum ist das Ziel eines jeden Deutschen, eine möglichst hohe Bedürftigkeit anzutäuschen. Der Unternehmer investiert nur noch dort, wo ihm die Kommune mit einem umsonsten Grundstück beispringt, der Rentner will ein Füllhorn melken, das niemand füllt, der Landwirt hat sich komplett vom Markt emanzipiert, Studenten würden niemals einen Euro für 'ne zweistündige Vorlesung zahlen, aber gerne drei für nen Cappuccino. Und jede

Anspruchsgruppe hat 'nen eigenen Verein, der laut aufschreit, wenn das Manna schmilzt. Die Symbolfigur des deutschen Alimentierungswahns ist der Opernintendant. Mit welch unverhohlener Chuzpe diese eitlen Onanisten Staatsknete einfordern, ist vorbildlich für die ganze Gesellschaft. Wenn selbst der Mumpitz finanziert wird, warum dann nicht die Zuckerrübe oder sechzehn Semester Theologie? Stimmt, das verstünde man nicht. Kürzlich warnte ein Wächter des sittlichen Verfalls mal wieder vor der totalen Ökonomisierung der Gesellschaft, diesmal wars ein evangelischer Bischof. Hamwer gelacht! Gerade Leute wie er haben doch noch nie in ökonomischen Zusammenhängen gelebt, z.B. Ablassbriefe verhökert. Das deutsche Problem ist eine fortschreitende Entökonomisierung großer Teile der Gesellschaft. Die wenigen, die tatsächlich noch am Markt arbeiten, treffen auf eine Schlechtwetterfront griesgrämiger Behörden- und Verbandsvertreter, die ihnen das Ausscheren aus dem Glied der Heckenpenner vermiesen wollen. Wer möchte einen Tanker »Deutschland« durch die Weltmeere lenken, wenn die Besatzung glaubt, sie säße auf der »Aida«. Drum kann nur erfolgreicher Politiker sein in diesem Land, wer sagt: Vier Jahre und keinen Tag länger mach ich diesen Job, und dann könnt ihr euch einen anderen Herkules suchen für den Schweinestall. Wie's scheint, wollen aber auch nächstes Mal alle wiedergewählt werden. Ihr Pech!

Gelogene Zahlen
Gefühlte Wahrheit

Durch den Euro ist gar nichts teurer geworden, für den Liter Benzin müssen wir heute weniger arbeiten als vor zwanzig Jahren, und der Sommer 2005 war auch nicht schlechter als andere. Wie kommt es nur, dass wir vom Gegenteil überzeugt sind? Sicher: Die Sonne geht auch nicht auf am Morgen, sondern das Teil, auf dem wir sitzen, dreht sich. Der eigene Eindruck kann schon mal täuschen. Nun bewegen wir uns beim Brötchenkauf nicht gerade im Bereich der Astrophysik, und da dachten wir bisher, den eigenen Sinnen trauen zu können. Wenn die aufgeblasene Schrippe statt 30 Pfennig heute 60 Cent verschlingt, so kann man sich den vierfachen Preis nicht wirklich schönlügen. Jaha, murmelt der Statistiker, aber der Erwerb von Tiefgarageneinstellplätzen in Eigentumswohnanlagen ist sogar billiger geworden, und so viel teure Brötchen kannst du gar nicht fressen, um diese Differenz auszugleichen. Und was ist mit dem Sommer? Dauernd nieselte uns doch das Leibchen zu, sobald wir uns dem Outdoor-Saufen zuwandten, die Badebüx hing trocken wie die Sahara von Mai bis September nur im Schrank! Stimmt gar nicht, oder was? Sofort pariert der Meteo-Guru mit Niederschlagsmenge pro Quadratmeter im Jahresmittel, und die verregnete Rückschau auf die Sommermonate wird zur bloß gefühlten Anstellerei. Auf allen Ebenen versuchen die Superschlaumeier in den Medien unsere Sicht auf die Welt als Spökenkiekerei abzutun. Tsunami, Hurrikan, Gletscherschmelze, Dürre rund ums Mittelmeer! Könnte es womöglich sein, dass die Abfackelei fossiler Brennstoffe da nicht ganz schuldlos dran ist? Deutet sich da ein klitzekleiner Klimawandel an? Ach was! Klimaforscher rechnen in Jahrtausenden, vor September 6005 kann man da gar nix zu sagen. Manchmal beschleicht einen auch das Gefühl, der Artgenosse um einen herum sei ein wenig aggressiver geworden in letzter Zeit: Schüler schießen Lehrer tot, Mädchenbanden trampeln auf Rentnern rum, durchreisende Uralanrainer nutzen den Zwischenstopp in Deutschland für 'nen schicken Raubüberfall – leben wir etwa gefährlicher seit ein paar Jahren? Papperlapapp! Noch nie wurden so viele Schwerverbrechen aufgeklärt wie heute, sagt der Kriminalstatistiker. Sicher, netter aber wärs, sie geschähen erst gar nicht. So lügen die Experten uns das Leben schön. Doch tief drinnen ahnen wir: Alles ist noch viel schlimmer.

Manchmal wird man aber auch überrascht von der Kreativität der Schönfärberbande: Der Anstieg der Netto-Neuverschuldung hat sich verstetigt. Das hört sich doch beruhigend an, bedeutet aber: Es werden keine Schulden getilgt, sondern weitere hinzugefügt. Und zwar sogar noch mehr als im Vorjahr. Toll. Zumindest rasen wir nicht auf einer Hyperbelkurve ins Schulden-Orbit. Alles klar. Alles in Ordnung. Nä. War auch nur ein persönlicher Eindruck. Hat nix zu sagen. Super! Die Zahlen sprechen eine eindeutige Sprache. Is ja klar!

Ort der Verzweiflung
Geschenkboutique

Holger wird vierzig, Babsi lädt zum Brunchen, die Ulla hat für alle thailändisch gekocht – irre! Könnte man sich fast drauf freuen, bestünde nicht der Brauch, ein Geschenk mitzubringen, nix Dolles, nur 'ne kleine Aufmerksamkeit. Und schon fängt der Terror an: Holger, Babsi und Ulla haben natürlich von der satinierten Knoblauchpresse bis zum irdenen Maniok-Mörser jedweden Scheiß und Staubfänger, mit dem man die Regale zumüllen kann. Was also bleibt, ist der Gang an einen der Orte größter Verzweiflung: in eine Geschenkboutique. Da gibts nämlich witzige Sachen, also Waren, die sich komplett von ihrem Gebrauchswert emanzipiert haben, aber trotzdem nicht schön sind. Dafür kosten sie das Dreifache praktischer Dinge: Bleistifte mit grinsenden Karnickelköppen aus Plüsch, extremst lustige Tassen mit inneliegendem Henkel und immer wieder Fußmatten als Meinungsbutton für den Flur: Da kann man sich z.B. auf dem Wort »Deutschland« die versifften Mokassins abstreifen. Ist das nicht schweinelustig? Ganze Regale sind dem Oberthema Kerzenständer gewidmet, in den Vitrinen buhlen hundert schrille Sektverschlussdildos um die Geldbörse des Betrachters. Und seitdem die Korrespondenz in den Rechner gewandert ist, sind auch Papier und Umschlag dem Angriff der Witzigkeit schutzlos ausgeliefert. So schreitet der Geschenkschuldner verzweifelt durch »Moni's kleines Präsentkörbchen« oder wie die Horrorverschläge des brutalst schlechten Geschmacks auch immer heißen und kann sich nicht ent-

Ausflugstipp für rechtsradikale Legastheniker.

scheiden: Das Poster mit den dreißig Nudelsorten hat die Ulla schon und das Kermit-Telefon steht bei ihr auf dem Lokus. Ach wie knuffig, da, guck mal: Pappmaché-Kühe in Rosé, die hat sie glaub ich noch nicht. Wozu auch, kein Mensch der Welt freut sich über angepinselte Rindermodelle – jedenfalls nicht, wenn er noch alle Tassen im Schrank hat. Au ja, Sven-Hajo, wir nehmen eine Tasse, sammelt die Ulla nicht dieses schweineteure Service in den Bonbon-Farben? Aber bloß eine Tasse, das sieht doch etwas schäbig aus. Komm, wir stecken noch eine Packung Tintenfisch-Nudeln oben rein. Und dazu den Balsamico-Essig in dem süßen lila Flakon. Toll! Da freut sich die Ulla aber 'nen dritten Eierstock in den Unterleib, so lustig ist das. In Geschenkboutiquen werden absurde Gebinde zusammengeschnürt, die andernorts nur Kopfschütteln auslösen. Eine 1,5-Volt-Batterie, einen CD-Rohling und 'ne Dreifachsteckdose – wer würde so was verschenken? Nur wenn jedes Teil in sich schon total bescheuert ist, beißt es sich nicht mit anderen. Und schon paart sich Krims mit Krams, niedlich verpackt in Klarsichtfolie und 'nem Schleifchen obendran. Wenn man dann an der Kasse den Dreck so vor sich sieht, ist man heilfroh, auf der richtigen Seite des Geschenkes zu leben, und zahlt bereitwillig jeden Preis.

Maßeinheiten der Medien
Güterzüge und Fußballfelder

Der Schimpanse kann mit etwas Glück bis zehn zählen, der Hund bis drei, und bei der Taube fängt jenseits von eins schon das Reich der vielen an. Aber auch der Mensch ist irgendwann am Ende, spätestens bei Zahlen über tausend beginnt das weiße Rauschen. Es ist dann ein rein theoretisches »Boooh«, das er sich abringt, wenn von fünfzehnhundert Opfern irgendwo die Rede ist – vorzustellen vermag er es sich nicht wirklich. Bei noch größeren Zahlen, wie etwa der EU-weiten Zuckerrüben-Überproduktion oder den täglich auf unserem Planeten verloren gehenden Regenwaldflächen, da setzt es dann mit der Bebilderung im Großhirn ganz aus. Weil das Handicap allgemein bekannt ist, gibt es in den Medien zwei Maßeinheiten, die uns die Ungeheuerlichkeit der Welt vor Augen führen: das Fußballfeld und die Güterzüge. Flächen bis zu einer Größe des Saarlandes werden in Vielfachen von Fußballfeldern gemessen, Schüttmengen oder Stückgut in Anzahl von Güterwaggons oder wenn's noch mehr ist, in Kilometer Zuglänge, wenn's ganz, ganz viel ist, in Anzahl der Güterzugäquatorumwicklungen. Nicht dass man sich das besser vorstellen könnte, wenn man hört, die Gesamtproduktion holländischer Tomaten eines Jahrzehnts auf Güterzüge verladen, zöge sich anderthalbmal um den Erdkreis – aber ein wenig gruselt es einen schon. In der Zweidimensionalität ist die nächsthöhere Einheit nach dem Fußballfeld das Saarland. Man sagt etwa in der Tagesschau: Der Orkan in Louisiana hat ein Gebiet von der Größe des Saarlandes überschwemmt. Wobei man sich unter Saarland erst mal gar nix vorstellen kann. Noch größere Flächen werden in Vielfachen von der Bundesrepublik gemessen. Das Ozonloch über der Arktis ist etwa achtmal so groß wie die Bundesrepublik, in Saarland-Einheiten bedeutet das tausendeinhundertzwölfmal so groß und in Fußballfeldern sogar 368 Millionen. Wenn nun auf denen jeweils ein Ball läge und man fünfhundert von ihnen in einen Güterwaggon von 20 Metern Länge unterkriegte, dann – ja – zöge sich der gesamte Zug etwa ein Drittel um den Äquator. Was wiederum das Ozonloch dann doch nicht so Furcht erregend erscheinen lässt. Ein drei Meter breiter Streifen vom Kongo bis Brasilien; scheiß was drauf. Das is doch – Moment – 15.000 km mal drei Meter breit, da sind – Moment – 45 Quadratkilometer, das is, äh, hähä, nich mal ein 57stel des Saarlandes. Also mit dem Loch, da kann man doch leben, oder nich?

Ein Halbgott wird gestürzt
Hartz, das Gespenst

Die beiden Warlords des siebenjährigen Krieges gegen jedwede Vernunft – Schröder und Fischer – zuckten noch ein Weilchen auf dem Sterbelager und nannten die Tragikomödie Wahlkampf. Das größte Symbol ihrer albernen Regierungszeit aber, der Peter Hartz von Hartz Vier, der wurde weit nach seiner Zeit abberufen. Doch nicht, weil er dem Volk durch seine spinnerten Reformen Schaden in Milliardenhöhe zugefügt hatte, nicht mal, weil er Millionen durch die VW-Bücher unkontrolliert passieren ließ – nein: Wohl nur, weil er ein paar hundert Euro lang nicht aufpasste und eine Nutte falsch abrechnete. Große Idioten fallen über kleine Steine, noch größere über sich selbst, über ihre Arroganz, Selbstüberschätzung und -inszenierung. Peter Hartz war das Gespenst der späten rot-grünen Jahre. Unvergessen die blasphemische Anrufung des Job-Floaters im Französischen Dom zu Berlin Anno Domini 2002. Was haben sich die Schweinepriester bei diesem lächerlichen Götzenspektakel bloß gedacht? Dass der Messias herabsteigt und mit fünf schrägen Ideen fünf Millionen Arbeitslose speist? Doch erst der sich anschließende Proteststurm der Fertigen und Verladenen in Deutsch-Osteuropa formte aus Ich-AG und Personal-Service-Agentur das Gespenster-Wort Hartz Vier. Und weil die kleinen rot-grünen Außerirdischen glauben, eine Reform ist eine Reform, weil sie Widerstand erzeugt und nicht, weil sie wirkt, glaubten sie fortan noch fester daran, Hartz Vier sei eine ganz dolle Reform – in Rotgrün-Deutsch auch »Jahrhundertreform« geheißen. Und ganz allein ein Mann war es, der sich dieses Wunderwerk ausgedacht hat, Peter Hartz der Vierte, gehasst von den Ungläubigen in Transelbien, vergöttert von den Selbstgefälligen in Berlin. Wer hätte je geglaubt, dass dieser Ausnahmemensch und Religionsstifter anfällig ist für die Anfeindungen des Teufels: glutäugige Konkubinen vom fernen Amazonas, schnöder Mammon aus Niedersachsen – konnte ihn das wirklich reizen? Peter Hartz der Vierte hat das Gute stets gewollt und das Unmögliche erreicht. Dann verließ das größte Gespenst der rotgrünen Jahre die Bühne und floated unter Mitnahmen von drei Millionen Euro aus seinem Job. Und alle waren so froh, dass er ging, da zahlten sie ihm die paar Milliönchen doch sehr gern. Honi soit qui mal y pense.

Irgendwo der Beste sein
Idioten-Contest

Der Mensch an sich misst sich gern mit seinesgleichen, weil ja jeder einen braucht, der noch blöder, lahmer, ungelenker ist. Das ganze nennt sich olympischer Gedanke, ist aber über die Jahre so pervertiert, dass nur noch spezielle Athletenzüchtungen daran teilnehmen können. Der einst gemeinte Amateur bleibt mangels Vermögen außen vor. Was macht er nun, der arme Knilch, mit dem sich keiner messen mag? Er flieht in den Stellvertreterkrieg und jubelt »seiner« Mannschaft zu, durchlebt den Schrecken einer Niederlage und den Siegestaumel, als obs der eigene wär. Wem die schlaffen Glieder allerdings noch ein wenig zucken, dem reicht das Gegröle am Spielfeldrand meistens nicht. Um selber noch aktiv ein wenig mitzutun, sucht er sich eine Disziplin, in der auch er noch etwas reißen kann. Das ist die Geburtsstunde der sommerlichen Idiotenwettbewerbe für Schlaffi und Blödi auf der Jagd nach der Trophäe. Bei so genannten Spaßbootrennen paddeln Tausende in selbst gebauten Zubern über Innenstadtgewässer, beim Entenrennen werden Plastikfiguren einem citynahen Fäkalgewässer überlassen und ringen stromabwärts treibend um den Sieg. Luftgitarrenwettbewerbe, Kuhfladenroulett oder Rasenmäherrennen – wichtig ist der von vorne herein ausgewiesene Ballaballa-Aspekt des Wettbewerbs, damit er für jedermann offen bleibt. Der »Fun« steht obenan, nicht der Sieg. Doch so gings überall mal los, auch Beachvolleyball in Fußgängerzonen oder Drachenbootrennen waren früher beknackte City-Belustigungen. Heute sind sie olympisch oder zumindest von Profis majorisiert. So wars schon in der Schule: Wenn »zum Spaß« in der letzten Viertelstunde des Sportunterrichts Fußball gespielt werden durfte, gab es immer ein paar bescheuerte Choleriker, die wie um den Endsieg kämpften. Drum mag auch ein Idioten-Contest in diesem Sommer noch so harmlos und lustig sein, im nächsten wird er garantiert schon in aller Härte ausgefochten. Unterwasserweitfurzen, bei wem steigen die Blasen am Entferntesten von der Anusöffnung an die Oberfläche. Diesjährlich eine Mega-Gaudi mit super Funfaktor, präsentiert vom Hefeweizenbrauer und dem lokalen Schwachsinnssender, schon morgen eine eisenharte Disziplin, in der Profis den ganzen Winter über ihre eigene Badewanne zufurzen, um im Sommer in der ersten Starterreihe zu flatulieren. Zwergenweitwurf, Froschaufblasen, Burgerwettfressen – nichts, aber auch gar nichts ist vor dem menschlichen Drange sicher, auf irgendeinem verschissenen Gebiet der Beste zu sein. Wie wärs mit Selbstmord-Making, wer zuerst tot ist, hat gewonnen. Prämiert wird natürlich auch der originellste Abgang und die beste Mannschaftsleistung. Zwölf Beachvolleyballer prellen sich gegenseitig die Ommel weg. Da wären wir dann auch wieder beim Fun-Aspekt.

Surrogate des Staunens
King Kong und Godzilla

Der Bundestrottel hat ein neues Hobby: sich hunderttausendfach zusammenrotten und auf was Großes gucken. Zuerst strömten Hans und Schwanz nach Hamburg, um ein hässliches Containerschiff für betuchte Rentner anzustarren, jüngst nach Köln, um die kulturelle Moorleiche Benedetto zu begaffen. Weder Queen Mary die Zweite noch Benedikt der Zwei hoch Vierte repräsentieren so was wie Gegenwart, beide erinnern an eine Zeit, da Größe noch was hieß. Auf den gigantischen Luxuslinern überquerten einst die Mächtigen der Welt den Atlantik, heute schippern damit reiche Runzelärsche von einem Hafen-Souvenirshop zum nächsten. Auch die katholische Kirche regierte vor Zeiten die Kontinente, heute ist dieses Museum der abendländischen Geistesgeschichte immerhin nicht mehr militant. Wo liegt das Faszinosum für die Saurier vergangener Grandezza? Ist es das Kleinkarierte des deutschen Alltags, dieses Geschlurfe zwischen Lidl-Markt und Popel-Politik? Braucht der Mensch seine regelmäßige Dosis Prachtentfaltung, um das Pissige der Bundesrepublik auszuhalten?

Wie wärs, wenn Godzilla aus den Fluten der Ostsee stiege und Rostock kaputttrampelte, oder King Kong Frollein Merkel auf das Völkerschlacht-Denkmal verschleppte? Da gäbs doch mal was zu gaffen! Deutschland leidet an einem Superlativ-Mangel: Niemand von den Backpfeifen-Gesichtern in der Politik taugt zum Vorbild, nicht mal richtig böse ist einer von ihnen – alles nur Dutzendware aus geklonten Helden des

Ortsgruppen-Castings. Helden der Maschinenwelt haben wir auch nicht mehr: kein Superflugzeug, kein stolzes Schiff, kein Transrapid – alles Mittelmaß und ausgewogen. Doch der Mensch lebt nicht von Aldi-Brot allein, ab und zu will er sich auch an was großartig Beklopptem erfreuen, z.B. wenn eine 78-jährige rosa Wachsfigur tote Textbausteine regnet – das ist doch mal was andres. Oder auch ein großes Schiff beglotzen, in dem Leute zu Zielen reisen, die sie gar nicht erreichen wollen – das ist doch so wohltuend schwachsinnig. Der Mensch hat ein tiefes Bedürfnis danach, doof zu sein. Den Popanz zu bejubeln tröstet ihn über so manche Nichtigkeit seiner irdischen Restlaufzeit hinweg. Drum strömt alle ein in unser Land der Durchschnittlichkeit, ihr Päpste, Godzillas, Riesenkraken und Ozeandampfer – wir werden jedem von euch einen gebührenden Empfang bereiten. Und sei es nur, um nicht ständig Marius Müller-Westernhagen oder Joschka Fischer für was Großes halten zu müssen.

Heldin der Sozialen Gerechtigkeit
Krankenschwester

Das Unwort des letzten Wahlkampfes lautete »Krankenschwester«, wie gesagt: das Wort, nicht die Person oder der Beruf. Für was musste sie alles herhalten, die Florence Nightingale der steuerfreien Nachtzuschläge. Kaum eine Polemik kam ohne sie aus. Nach der Wahl hat sich ihr Bild in der Öffentlichkeit verändert. Krankenschwestern arbeiten

Ein Bild aus der Serie, die sich Igel aus dem Internet runterladen.

demnach nur im Schutze der Finsternis, nicht für Geld, sondern fürs Gemeinwohl, zahlen trotzdem genauso viel Krankenkassenbeiträge wie Multimillionäre, müssen dafür aber den kargen Gotteslohn ihrer nächtlichen Selbstaufopferung auch noch voll versteuern. Was für eine Riesensauerei. Dass dieser Beruf mittlerweile Krankenpfleger heißt und genauso von Männern ausgeübt wird, kommt bei den Hohepriestern der Sozialen Gerechtigkeit so wenig vor wie der Umstand, dass auch noch andere Menschen nachts arbeiten und dafür schon jetzt den vollen Satz Steuer-Knete berappen müssen. Das piefige Weltbild der sich aufopfernden Frau ist allerdings zu verlockend, als dass der Brachial-Metaphoriker im Wahlkampf nicht darauf verfiele. Wer weiß, vielleicht stiehlt sich sogar ein Samenfädchen nach draußen, wenn die Brüllaffen das Wort »Krankenschwester« im Munde führen und dabei an williges Weiberfleisch in schmucken Trachten denken, die ihre einsamen Nachtschichten schieben. Wollt ihr wirklich, dass diese reinen unschuldigen Mädel genauso viel Steuern zahlen wie ein ekeliger Radiomoderator, der nachts nur Blödsinn runterreihert. Nein und abermals nein, das wäre ja sozial nicht gerecht.

Beim Bild der weißen Frau im Dienste des Gemeinwohls wird natürlich nicht erwähnt, dass wesentlich mehr Menschen von Krankenschwestern um die Ecke gebracht werden als von Radiomoderatoren. Macht aber nichts, sie fügt sich doch so prima ein in das Wolkenkuckucksheim einer angeblich gerechten Gesellschaft. Der schützenswerteste Bundesbürger überhaupt – will man den Wahlkampfaussagen glauben – bewohnt am äußersten Wendekreis der Pendlerpauschale ein durch die Eigenheimzulage finanziertes Häuschen und fährt von dort nächtens in ein heimeliges Hospital, wo er gerade mal so viel verdient, um davon seine Sozialabgaben zu bezahlen. Ach, vergessen: Er ist natürlich weiblich. Mindestens 20 Millionen Wähler in Deutschland scheinen so zu leben, anders kann ich mir nicht erklären, warum alle Politiker so um deren Gunst buhlen.

Retrogesöff der Schnullis
Mädchenbier

Den Brauer ergriff die Panik, als er auf seine Zahlen schaute: Trotz Komasaufen und Hartz Vier geht der Bierabsatz zurück. Alcopops, Wein und Gummibärchenfusel pfeift sich der Deutsche zwar noch reichlich ein, doch die Mutter aller Alkoholika wird geschmäht. Mutter ist eben schon sehr alt und verbittert, hört auf Namen wie Ratsherren Pils oder Felsenkellerbräu, das klingt nach alten Kommunalpolitikern, die sich am Stammtisch in die Hose pissen, aber nicht nach lifestyligem Angeflute. So kippten die Brauherren denn allerlei Geschmackszerstörer in das Bier und traten das deutsche Reinheitsgebot mit ihren großen Füßen: Lemon, Cherry, Cola – kein Spülmittelzusatz war zu ekelig, um das Pils zu versauen. Das Bier ohne Giftbeimischung heißt jetzt z.B. Beck's Gold und wird in durchsichtiger Flasche geliefert, weil noch schaler kanns ja gar nicht werden, als es eh schon ist. Die Brauerei mit dem Deppen-Apostroph verhalf dem

Mädchenbier zum nationalen Durchbruch. Seither giggeln in allen Werbungen für den ehemaligen Gerstensaft immer mehr Girlies durch das Bild. Sie knibbeln fröhlich Etiketten ab von eisgekühlten Pullen und hoffen hinterm Etikett einen Stecher zu ergattern. Die Pils-Druiden haben die Frau als Zielgruppe für sich entdeckt, und wie immer, wenn eine Männerdomäne der Geschlechteropposition anheim fällt, geht das Produkt in die Binsen – siehe Renault Twingo, ein Auto zum Knuddeln. Nun also auch das Pils, Hauptnahrungsmittel des deutschen Mannes und echte Alternative zu weiblicher Gesellschaft, auch und gerade im sexuellen Bereich. Richtige Männer oder was die Werbung dafür hält, also in Lammfellpilotenjacken lässig an das Heck eines Doppeldeckers gelehnt, solche megaharten Typen saufen Clausthaler alkoholfrei – also noch nicht mal Mädchenbier. Die traditionelle Ware wird wohl nur noch von Randständigen im Stadtpark gekippt. Das gut gezapfte Pils mit anständiger Blume im Tulpenglas serviert bekommt man seltsamerweise heute eher in der schäbigen Bahnhofsumgebung als im schicken Citypub. Dort süppeln die Trendsetterinnen Mädchenbier direkt aus der Pulle, wie sie es gelernt haben vom Wassernuckeln nach dem Ekstasy-Abusus. Und das ist auch letztlich das Erfolgsgeheimnis des Mädchenbieres: Man kann es nuckeln und muss es nicht aus dem Glase trinken. Die Mutterzitze als Glücksversprechen ist der Flash zurück in eine Zeit, da die Welt noch warm und überschaubar war. Mädchenbier, das Retrogesöff einer atavistischen Bande junger Doofköppe. Prost!

Volk ohne Lied
Musik-Importe

Der Deutsche ist von Natur aus unmusikalisch. Nur auf zwei Gebieten hat er es zu einiger Perfektion gebracht: als akribischer Musikingenieur in der Klassikabteilung und beim Grölen. Alles andere wird importiert, sogar die Marschmusik – also Klassik als German walking – hat er vom Türken abgeschaut; die Volksmusik kommt vom Tschechen und jede Art von Popmusik eh von außerhalb. Wenn er dann importmäßig zuschlägt, der Deutsche, dann greift er instinktsicher in die Trödelkiste. So erfreut sich unter den zahlreichen Jazz-Varianten ausgerechnet das widerwärtige Dixiland-Getröte unausrottbarer Beliebtheit. Jazz-Frühschoppen foltern Mann und Maus mit dem Studienrats-Gedudel, bis die Krähe tot aus der Baumkrone plumpst. Eine Variante dieser Volksmusik für Gutverdiener ist das Klezmer-Gejaule, das sich der gebildetere Kultur-Maso in die Löffel zieht. Einziger Vorteil dieser Katzenmusik ist der, dass sie – zumindest noch nicht – von deutschen Laiendarstellern nachgejault wird. Ganz anders etwa als bei den Original New Orleans Egg-Shakers, die samt und sonders dem Kollegium der Integrierten Gesamtschule Poppenhausen entstammen. Besonders Ekel erregend wirds, wenn schwermütiges Teutonenblut zum Gospelsong ansetzt. Könnte ja schon der Afro-Ami seinen Anlagen nach mehr leisten, als er es beim Dschieses-Gebölke tut, so sträubt sich das Bleichhirn gänzlich gegen den innewohnenden Frohsinn des Halleluja-Schreiens. Doch nicht nur Nordamerika hat den Teutonen stets zu eigner Musikausübung angeregt, auch und gerade Mittel- und Südamerika faszinieren den Trübsinnsbläser seit Jahrzehnten. Calypso, Mambo, Rumba, Salsa, Lambada und wie sie alle heißen – vom RIAS-Tanzorchester intoniert, sind sie danach 100% erotikfrei. Und das ist das Geheimnis des deutschen Kulturimports: Gebt uns die Musik der Völker, und wir versprechen euch, danach werdet ihr sie nicht wiedererkennen. Denn ein Volk, das keine eigenen Lieder hat, wird auch die der andern nicht verstehen.

Neues Versagen im Schritt
Paruresis

Der Mann ist längst nicht mehr, was er mal war: Er wischt im Haushalt mit, spricht mit Kindern, ja sogar mit seiner Frau, und tut obendrein, als ob ihn deren Geräuschemission tatsächlich interesssiere. Er geht zur Maniküre und zur Paartherapie, statt einfach nur den Rochen auszutauschen; er redet ernsthaft über Frisuren, Mode, Bodyshape und schmiert sich abends Nachtcreme in das Stoppelface. So viel geheucheltes Menschsein konnte auf Dauer von seinem Pimmel nicht unbemerkt bleiben. Zuerst welkte nur die Begattungslust dahin: Erektion soweit alles prima, nur wozu? Nun hat aber der Kollege im Schritt wenig Verständnis für den geschlechtlichen Müßiggang und will vor allem nicht bei irgendeinem Weichei nutzlos zwischen den Beinen rumhängen. Also folgte Stufe zwei im Kampf des alten gegen den neuen Mann: Hydraulikversagen. Ganzseitige Anzeigen in den Magazinen künden vom wachsenden Markt potenzgestörter Männer in den besten Jahren. Nun kann das einen Sexmuffel nicht wirklich kratzen – was schert es den Fisch, wenn das Fahrrad platt ist. Da hatte der neue Mann aber seine Rechnung ohne den durchtriebenen Kerl im Schritt gemacht. Denn neben seiner Funktion als Austrittsorgan frisch geschüttelten Spermas wird noch weitaus häufiger Urin abgeführt. Und da spaßt der Körper nicht. Im Gegensatz zum Sex lässt sich der Harndrang nicht auch nur einen Tag wegmuffeln. Wird auch noch Bier gelenzt, muss im Grunde unentwegt abgejaucht werden. Der stete Tropfen will hinaus, deshalb hat der Mann schon in grauer Vorzeit die Scheu vor dem öffentlichen Wasserabschlagen verloren. Ist die Blase voll, wird der Hosenstall aufgerissen, das Rohr in Anschlag gebracht und wo man gerade steht oder geht Jauche abgeblasen. Sehr praktisch das Verfahren, doch nun trifft es auf den geistig maniküren Frauenversteher. Alles in ihm wehrt sich dagegen, nach Altväter Sitte in den Park zu strullen, ja, es geht so weit, dass Freund Weichei nicht mal mehr mit seinesgleichen an der Pissrinne stehen mag, um blankzuziehen. Ein neues Krankheitsbild ist geboren: die Paruresis, eine psychisch bedingte Entleerungsstörung. Sieh an! Nicht erst beim Sex, jetzt auch schon beim Pinkeln kriegt der Mann einen an die Waffel. So weit hat die Frauenherrschaft es gebracht. Da kann man sich nur freuen, dass Frollein Doppel-X aus dem gleichen Loche kotet. Sonst würd' uns das in Bälde auch noch mies gemacht.

Sommer in der Stadt
Verzweifelte Heiterkeit

Wenn der Regen wärmer wird im Frühling, befällt ganz Deutschland der Event-Virus. Jede Kommune gräbt nach einem Alleinstellungsmerkmal der Region und toupiert es hoch zu einem Festival: Mühlentage, Spargelwochen, kulturelle Landpartien und Gartenzauber. Über dem ganzen Land liegt eine verzweifelte Heiterkeit. Für ein Wochenende zieht die Schmurgelbudenromantik sogar bis in die Innenstädte; zwischen Pennymarkt und Schnäppchenrampe wird Flachs gehaspelt, Dinkelbrot verbimmelt, und dazu zirpt eine Ich-AG auf der Schalmei. Der Motto-Suff taucht selbst den Alkverzehr zur Mittagsstunde in ein mildes Licht. Das naturtrübe Klosterbräu, der milde Zwetschgenbrand aus alter Meisterhand – wer hängt danach nicht guten Gewissens hackebreit überm Jägerzaun. Geselchtes und Geschmortes pestet aus jedem zweiten Spanplattenverhau, am Drehspieß schwitzt ein ganzer Ochs sein Körperfett in die offene Flamme. Ach, was war das früher schön, als man noch vor dem eignen Herzinfarkt die Läufe streckte. Der sommerliche Halligalli ist die inszenierte Weinerlichkeit über die ungastliche Moderne. Für ein paar Stunden schnuppern wir eine Prise Mittelalter, staunen über chromblitzende Oldtimer oder schauen braven Frauen beim Klöppeln ihrer Keuschheitsgürtel zu. Zum ersten Mal in der Geschichte der Menschheit können große Teile der Bevölkerung zumindest partiell auf die Gegenwart scheißen. Jedes Wochenende verwandeln sich ganze Horden in Indianer, Ritter, Rocker, Shanty-Chöre. Als moderne Nomaden ziehen sie mit ihren Campern von einem Motto-Festival zum andern und gaukeln den örtlichen Eintrittszahlern ein Wochenende lustig-heiler Geschichte vor. Das Stadtmarketing siehts mit Freude und guckt schon im Kalender nach, wo noch etwas frei ist für den nächsten Folklore-Bums vorm City-Center. Wie wärs mit einem internationalen Fischbrötchenwettbewerb oder dem Negenborner Sklavenmarkt? Die Konkurrenz ist groß, eine Idee schnell kopiert. Garten-, Jazz-, und Weintage gibts schon überall, Mittelalter, Oldtimer oder Handwerksmärkte sind längst abgefeiert – hingegen ist 'ne gut gemachte Hexenverbrennung doch auch was fürs Auge. Dabei gibts natürlich ein Problem in Deutschland: Man weiß nie, wie's Wetter wird, und wenn der Haufen dann nicht richtig brennt, bricht der Bratwurstumsatz sofort ein – und da hört der Spaß nun wirklich auf.

Existenzgründer im Nanobereich
Vogelgrippe

Der Mensch ist nicht das, was er ist, wenn er keine toten Tiere frisst. Erst seitdem die Kameraden aus der Fauna auf den Grill geschmissen werden, tut sich was im Großhirn des Primaten. Eine kleine Abwechslung auf dem tierischen Speisezettel bot in früheren Zeiten der Kannibalismus. Da kam auf den Teller, was nicht mühsam erst erjagt werden musste, sondern ohnehin schon in der Wohnung rumlief. Heute überlebt die Oma in der Familie und der Seniorenteller ist nicht mehr das, was er einmal war. Von der Lust am Verzehr eines Wohngenossen mochte der Asiate allerdings nicht abrücken und nahm das Huhn in seine Familie auf. Chines' und Flattermann teilen fortan Tisch und Bett, und sogar das Borstenvieh darf zum Fernsehen abends in die Küche rein. So lebt die Multispezies-WG in schöner Eintracht vor sich hin, und auch das Virus hat darin sein Auskommen. Musste es sich jahrmillionenlang damit bescheiden, die Kloake des Geflügels zu erforschen, so kann es heut' durch die bessere Nahverkehrsanbindung an den Schweinearsch auch da nach dem Rechten sehen. Hier, im braunen Reich des Ferkeldarms, trifft das Virus viele Kollegen mit anderen Ideen und gründet mit ihnen eine neue viel versprechende Krankheit. Wenn dann zur guten Nacht der Chines' dem Schweinchen ein Küsschen gibt, ist ein neues Virus zu allen Schandtaten bereit. Einmal hustet unser gelber Freund noch in die U-Bahn von Shanghai, ein Bleichgesicht atmet heftig ein, nimmt den Flieger dann nach Frankfurt und siehe da: Unser Immunsystem kriegt wieder was zu tun. Der einzige Trost: Dieses System wird noch nicht von der Großen Koalition reformiert. Es könnte also alles noch gut werden.

Wenn die Kerze nicht mehr brennt
Weihnachtsfeier in der Flaute

Seitdem der Todeshauch der Konjunktur über deutsche Lande weht, mögen immer weniger Firmenchefs die gelichteten Reihen in gebremster Fröhlichkeit um sich versammeln. Eine der großen Errungenschaften der Angestelltenkultur, die Weihnachtsfeier im Betrieb, droht zu verschwinden. Über Jahrzehnte sorgte sie für die ständige Erneuerung des Anekdotenschatzes einer Belegschaft, der deutsche Kaiser Franz zeugte dort seinen jüngsten Spross – die Weihnachtsfeier war das soziale Fundament einer jeden Firma. Blicken wir noch einmal in Wehmut zurück: Wesentlicher Bestandteil des betrieblichen Bacchanals in seiner reinen Form ist die Einladung »ohne Partner«. Der erotische Tagestrip in fremde Gewässer liegt also zumindest immer drin. Zur Kopulation wild Entschlossene dürfen für eine Nacht wieder primitive Tiere sein. Weder Eingruppierung noch Ehestand begrenzen den urzeitlichen Trieb. Reine Männerbelegschaften hingegen nutzen die Abwesenheit ihrer häuslichen Aufsichtsperson, um mal richtig die Sau rauszulassen – Stichwort »Brasilianische Sambatänzerinnen«. In der sentimentalen Rückschau wird die »mörderische Sauferei« dann zum gemeinsamen Fronterlebnis und festigt die Kameradschaft.

Zweiter unabdingbarer Bestandteil der weihnachtlichen Betriebsfeier ist das unterirdische Niveau. Wumtata-Kapelle und Partyspiele jenseits der Menschenwürde bilden erst den

Ihrer Zeit zweitausend Jahre voraus: Griechen erfanden das Plumpsklo vor der Ouzoplatte.

richtigen Rahmen für das Fahrenlassen aller Konvention. Und was noch viel wichtiger ist, sie sind der Hintergrund zur kalkulierten Erniedrigung der Chefetage. Wenn der Firmenboss mit einer Schlangengurke zwischen den Beinen unter rhythmischen Zuckungen auf der Tanzfläche versucht, das Kürbisgewächs an eine Sekretärin weiterzureichen, so zeigt er sich dabei als Mensch in all seiner Lächerlichkeit. Diese Ausnahme von der Regel festigt nachhaltig seine Position an der Spitze. Nur der wirklich Mächtige kann es sich leisten, einmal im Jahr den Blödian zu spielen.

Drittes Gesetz der Weihnachtsorgie ist der kostenfreie Zugang zu Tisch und Tresen. »Der Chef lässt einen springen« steht als ungenanntes Motto im Raum und hinterlässt bei den Begünstigten ein Gefühl von unterschwelliger Bringschuld. Das durchgearbeitete Wochenende, die vielen Überstunden – kleinkariert ist, wer da auf den Euro schielt. So rechnet sich die Betriebsfeier nicht nur auf der sozialen Ebene, sondern erweist sich auch rein finanziell als kluge Investition.

Wenn in diesen rauen Zeiten immer weniger gefeiert wird zum Advent, so sind als Grund die »notwendigen Einsparungen auf allen Ebenen« nur vorgeschützt. Es ist vielmehr die Scheu der Chefs, ein Familiengefühl zu erzeugen in einer von Personalabbau bedrohten Horde.

Auch niemand unter den Mitarbeitern legt Wert darauf, beim Saufgelage den Menschen hinter dem Kollegen kennen zu lernen, der schon bald keiner mehr ist.

Betriebsfeiern waren immer bestimmt von dem Glauben an die gemeinsame Zukunft der Produktionsgemeinschaft. Mit dem Saufgelage an der Theke leistete man einen Eid auf die Firma. Legendär waren die Orgien in der New Economy. Als sie verschwanden, war es kurz darauf auch um die Startups geschehen. Wirtschafts-Auguren könnten am Alkoholisierungsindex der Mitarbeiter weit vor der Börsennotierung den wahren Zustand eines Betriebes erkennen.

Wenn zurzeit ganze Weihnachtsfeiern im stillen Einverständnis zwischen Chef und Angestellten gar nicht mehr stattfinden, so ist das ein böses Omen. Weit mehr als ein Stück deutscher Unternehmenskultur geht dahin. Die ganze Wahrheit lautet: Ratten verlassen das sinkende Schiff immer nüchtern.

Abschied vom Kotzen
Wellness-Saufen

Der Körper, fragte man ihn direkt nach seinen Wünschen, würde wohl kaum auf die übermäßige Zufuhr ekliger Alkoholika pochen. Nun, das hat den überzeugten Trinker nie gestört: Er hat sich Kräuterfusel, Pils und Rebenjauche literweise eingeflößt und auf das Wohlbefinden seiner Hardware schlicht geschissen. Als richtiger Mann war er natürlich bereit, den Preis dafür zu zahlen, und der hieß kotzen. Damit der Auswurf nicht flächendeckend durch das Wirtshaus pladdert, gabs auf den Männerklos so genannte Kotzbecken, tiefe Porzellanschüsseln in angenehmer Arbeitshöhe montiert und darüber zwei Haltegriffe an der Wand. Hier ließ sich 'ne Pulle Maria rausreihern, ganz so unbefleckt wie ihre biblische Namensschwester. Betrat man in einer Gaststätte den Abtritt, wusste man sofort, ob hier Profis zechen oder nur der Damenzirkel Halma spielt. Heute gehört diese Hochkultur des Kotzens der Vergangenheit an, nirgends sieht man mehr ein Profibecken auf dem Männerklo. Heißt das nun, dass der zugesoffene Recke unter Hinterlassung diverser Feuchtplocken auf dem Brillenrand heimlich in den Tiefspüler reihert? Schlimmer noch! Er kotzt gar nicht mehr, der Mann. Auch das Saufen, so seltsam das klingt, wird heut unter Wellness-Gesichtspunkten absolviert. Schmecken solls, das Gebräu, und auch z.B. den Geschlechtsverkehr beflügeln und nicht ersetzen wie ehedem. Zu dem Behufe wäre der saure Brodem nach der Mageneruption ohnehin wenig förderlich. Die derbe Sinnlichkeit eines kontraktierenden Abdomens passt einfach nicht zum Easy-Living der Moderne. Der Körper ist heut zum Kumpel geworden, den man bei Laune halten möchte. Auch gilt es ihn als Arbeitssklaven ständig betriebsbereit zu halten. Ein durchgesoffenes Wochenende mit Ratten unter der Schädeldecke und Flecken vom Würfelhusten auf dem Revers kann heut leicht die Existenz kosten. Selbst Gott würfelt nicht mehr am siebten Tag und auch sonst nicht, wenn man Einstein glauben darf. Saufen in seiner konsequentesten Spielart ist aus dem Verhaltensportfolio des bewussten Mitteleuropäers gänzlich entschwunden. Nur noch Pubertätsgefangene und Hartz-Vier-Gebrochene hauen sich bis zum Anschlag die Hutze voll und kennen demnach auch den Brechreiz als dessen Folge. Modernes Kotzen ist heute weiblich und heißt Bulimie. Die Ursache ist nicht mehr der Aldi-Schnaps, sondern die beschissene Kindheit. Wenn die dann rauswill, ist das Porzellanbecken sowieso zu klein.

Älter werden bringt nichts mehr
Zunehmende Peinlichkeit

Die Erscheinungsform des Menschen als Jugendlicher ist an sich eine peinliche, da lässt sich kaum was draufsatteln. Weder tief hängender Klötensack als Hosendarsteller noch die Erotikbremse Obergürtelspeckwulst können den Phänotyp nachhaltig schädigen – man ist eh bedient. Auch was da so im erwachenden Großhirn an Realitätsdeutung gebildet wird, ist natürlich gequirlte Scheiße, wenn nicht sogar ungequirlte. Doch es ist ein altbekanntes Vorrecht der Jugend, renitent, dämlich und hässlich zu sein – das zarte Lebensalter macht vieles, wenn nicht gar alles wett. Erst mit zunehmender Zahl an Jahren wächst die Gefahr, zum Zerrbild des eigentlich erreichten Reifegrades zu werden. Schon mit Beginn der Pubertät wird beim Manne die öffentlich getragene kurze Hose zum Tabu, mit über dreißig zum Ärgernis, ab sechzig zur Freakshow. Barbusigkeit erreicht beim Weibe auch irgendwo zwischen zwanzig und vierzig ihren Zenit, und die abfallende Kurve eignet sich danach nicht mehr zur Veröffentlichung. Andererseits ist auch nicht alles, was verhüllt, gleichermaßen altersneutral. Das Muscle-Shirt trägt seinen Namen nicht umsonst, und der Bikini lebt von der Ebene zwischen den Teilen. Der Freizeitlook ist nur dann witzig, wenn es im Leben des Trägers auch noch etwas anderes gibt als Freizeit, sprich: Rentner und Langzeitarbeitslose sollten ihn grundsätzlich meiden. Wer schon mal an einer Autobahnraststätte das Absitzen einer Mümmelschwadron vom Neoplan-Euroliner beobachtet hat, weiß, was ich meine. Man glaubt die Olympia-Mannschaft des Fliegenden Holländers zu sehen: Greise, Lahme und Tattrige in Trainingsanzügen wanken zur Toilette. Wer noch halbwegs beieinander ist als Zausel, der richtet sich geschmacklich zumindest mit einer Baseballkappe, gern bestickt mit »LA Streetfighter« oder »Harlem Devils«. Wenn man sich den Mützenständer dadrunter ansieht, verliert immerhin die Straßenkriminalität ihren Schrecken.

In der Form des Rentners hat der Mensch die Peinlichkeit seiner Jugend zurückgewonnen. Vielleicht liegts daran, dass beide Altersgruppen nicht wirklich wissen, was sie mit ihrem Leben anfangen sollen. Doch auch dazwischen reiht sich Napf an Napf, und überall ist Fett drin enthalten: Männer der zweiten Halbzeit mit fernöstlichem Fickfleisch im Arm oder einem Sportcabrio mit Sitzheizung unterm Faltenarsch; Frauen, die unbedingt trommelnd ihr Klimakterium durchleben wollen oder sonstwie schwer einen an der Waffel haben; allgemein Menschen, die jetzt mal endlich an sich denken wollen, ohne zu überlegen, ob das Projekt diese Investition überhaupt noch trägt.

Unter Vermeidung allzu großer Peinlichkeiten dem Grabe zuzustreben, wird mit jedem Jahr angehäuften Lebens schwerer. Doch es lohnt sich: Man schaue auf alte Leute in anderen Kulturen – die haben jedenfalls eine ansehnliche Patina entwickelt.

Sie haben dieses Buch gelesen!
Warum?

Herzlich willkommen im Weltkulturerbe Buch. Warum haben Sie sich für dieses entschieden? Warum nicht für »Bachblütentherapie gegen Arbeitslosigkeit«, »Glücklichwerden in zehn Minuten« oder »Das I-Ging des MS-DOS-Rechners«. Beherrschen Sie etwa die alte Kulturfähigkeit, die man früher »Lesen« nannte? Leider wird das Fach in der Schule nicht mehr gelehrt. Es ist ersetzt worden durch »Buchstabenraten«, auch ein interessantes Fach und zum Entziffern von SMS reicht das ja auch.

Lesen – die Älteren erinnern sich noch daran – war die Fähigkeit, die Buchstaben, die man sich anguckte, zu vergessen und sich dahinter eine Welt vorzustellen. Braucht natürlich heute keiner mehr, weil die Bilder gibts ja jetzt umsonst dazu.

Da haben sich die Marketing-Fritzen des Börsenvereins einmal hingesetzt und darüber nachgedacht wie man trotz und entgegen seines eigentlichen Produktvorteils ein Produkt verscherbelt. Das Ganze unter Berücksichtigung der Tatsache, dass Buchhandel heutzutage dasselbe ist, wie Fernrohre an Blinde verkaufen. Als das Ergebnis der gedanklichen Bemühungen entstand aus dem alten Buch die moderne Marketingpappe, die derzeit in den Läden rumliegt. Zwar sind fast überall noch Buchstaben drin, aber es ist wie bei der Tütensuppe, die liest sich ja auch keiner wirklich durch.

Das ist die größte Kulturleistung des Buchhandels überhaupt: Den Leuten die Schwarten anzudrehen, die sie nicht brauchen, nicht verstehen und wenn sie 's täten, ihnen nicht weiterhelfen würden.

Warum latscht aber der normale Fußgängerzonentrottel trotzdem in einen Buchladen rein, was will er da, wozu braucht er ein Buch?

Ein Freund oder Verwandter hat Geburtstag. Ist der Verwandte z.B. männlich und über siebzig gibts vom Grabbelständer den Bildband: »Unternehmen Barbarossa, Landser im Winterkrieg gegen Rußland.« Gleichaltrige Frauen kriegen den 25. Schinken über Topfblumenaufzucht oder Makramee am Lebensabend.

Problematischer ist es, wenn das Opfer jünger ist und bloß ein entfernter Bekannter. Dafür sind selbst die Klamotten aus dem Modernen Antiquariat zu teuer und zu schwer. Aber je billiger ein Buch ist, desto witziger muss es dafür im Gegenzuge sein. Jeder Buchladen hat für diese Kunden extra eine eigene Ecke, die so genannte Geschenkbuchabteilung, da steht der allerletzte Schrott, den wirklich keine Sau braucht und den man sich nie im Leben selber kaufen würde, daher der Name. Vorteil von diesem Mist ist, dass die Hemmschwelle, das Buch sofort wegzuschmeißen, ziemlich niedrig ist. Für Leute ohne Bücherregal ein entscheidendes Argument. Die Dinger heißen: »Juchhu, meine Freundin ist tot«, »Sex ab 40? Geht das noch?« oder »Die Verdauung des Wassermanns«. Maximal zehn Euro, sieht aber nach mehr aus und notfalls kann man sie sogar lesen, weil einfache Hauptsätze in Großdruck keinen verschrecken.

Eine Sonderstellung unter den Büchern, die man gar nicht

selber will, stellen die richtigen Bildbände dar. Diese Monsterschwarten kriegen alte Säcke, wenn sie endlich ihren Arbeitsplatz freigemacht haben oder sonstwie am Ende angelangt sind. Wichtig ist, dass sie mindestens so groß sind wie ein mittlerer Grabstein – damit sich der Kollege schon mal dran gewöhnt – und auch nicht mehr Text enthalten als dieser.

»Die Wasserschlösser an der Emscher«, »Afrikas Hautparasiten vor der Kamera«, »Niedersachsen – Land des Lächelns«. Mit diesen Kawenzmännern hat man ordentlich was zum Überreichen in der Hand und mehr Buchmasse ist für den Preis nicht zu kriegen.

Manchmal will der Kunde es aber auch ganz für sich selbst. Huijuijui. Woher weiß er denn, welches das richtige ist? Natürlich aus dem Fernsehgerät. Ganz weit vorne sind deshalb die Lehrerbegleithefte für behämmerte Vorabendserien, sozusagen das blaue Reclambüchlein für Todesschwester Stefanie. Warum Menschen sich den Schwachsinn nochmal reintun, weiß keiner so genau. Manchmal gibt es aber auch Ratgeber-Sendungen im Fernsehen und weil sich der Hirni vorm Schirm wieder alles nicht so schnell merken kann, gibts meist auch noch ein Büchlein zum Nachbereiten. »Feng Shui für die Doppelgarage« oder »Jetzt helfe ich mir selbst – Prostata-Operation«. Und weil es ohnehin selten genug vorkommt, dass einer von diesen Kunden sich mal im Laden verirrt, haben die Marketing-Strategen extra Luderplätze für dieses scheue Wild aufgebaut. Direkt in Kassennähe könnte man ihnen womöglich noch den ein oder anderen totalen Blödsinn reinwürgen. Um die Kaufschwelle noch niedriger zu halten, sehen diese Bücher dann schon vom Format her

Immer mehr Deutsche scheißen auch öffentlich auf ihr Vaterland.

nicht mehr aus wie Bücher. Goethes Liebeslyrik so groß wie ne Fünferpackung Lümmeltüten, alternativ: »TaiChi bei der Scorpion-Katze.« Wenn es das Horoskop nicht gäbe und dauernd neue asiatische Methoden, um gegenseitig an sich oder der Katze rumzufummeln, würden 40.000 Bücher weniger erscheinen im Jahr. Also der ideale Buchhandelskunde ist der Nichtleser. Er ist der wahre König Kunde, denn der Leser kommt ja sowieso.

Der Nichtleser von vorgestern interessiert sich einen Dreck für Bücher, aber als Kind hat man ihm Ehrfurcht vor der Kultur eingebläut. Deshalb kauft er sich immer noch dicke Schwarten für die Schrankwand, am liebsten Gedicht-Anthologien oder Gesamtwerke, die ordentlich Meter machen. Der ganze Bertelsmann-Konzern gründet auf diesem Volltrottel. Leider nimmt seine Zahl ständig ab – im Gegenteil, Bücher in der Wohnung sind heutzutage sogar peinlich.

Der Nichtleser von gestern hatte auch keinen Bock mehr auf Lesen, seine Kindheit verbrachte er jedoch im Zeichen der Illustrierten: Quick, Neue Revue oder Praline waren seine entscheidenden Kulturerlebnisse, Blättern seine Methode um die Welt zu begreifen. Dem konnte man jedes Buch verkaufen, Hauptsache wenig Buchstaben und viele bunte Bilder, wenn mit Titten: um so besser.

Der Nichtleser von heute ist ein ganz abgefuckter Typ, sein Zugang zur Welt ist noch mehr reduziert, nebenbei will er noch glotzen, hauptsächlich aber bloß noch fressen. Am liebsten würde er Bücher kaufen – wenns denn sein muss – die er gleich in der Fußgängerzone auslutschen kann. Bei ihm funktionieren am ehesten Bücher, die irgendwas mit Fressen zu tun haben – wohlgemerkt keine Kochbücher, oder wenn, dann bloß welche mit Sachen, die er kennt: Das Fischstäbchenkochbuch, das mit Philadelphia-Käse oder Gummibärchen.

Diese drei Typen seiner Kundschaft kennt natürlich jeder Buchhändler, weil sie jeden Tag in ihren nassen Klamotten und mit ihren dämlichen Fragen seinen Laden verpesten. Aber egal, Geschäft ist Geschäft, wäre da nicht der zweite Feind des braven Sortimenters, die Verlage.

Statt Bücher zu verlegen, die man sofort auffressen kann oder die wenigstens keine Texte enthalten, produzieren diese weltfremden Trottel jahraus, jahrein über 80.000 Neuerscheinungen, die im Grunde keiner braucht und keiner will. Daneben gibts natürlich auch noch die ganzen Reste der Vorjahre in ständiger Neuauflage – eine katastrophale Modellpolitik. Ein Autoverkäufer muss sich höchstens zehn verschiedene Produkte merken, nach denen ihn seine Kunden ausfragen können, ein Buchhändler hat über hunderttausend Modelle parat – logischerweise werden diese Leute mit der Zeit alle plemplem oder sonstwie komisch. Das Unverschämte an den Verlagen ist ja auch noch, dass sie den Händlern ihre Drückerkolonnen auf den Hals hetzen, Menschen mit großen Taschen, genannt Vertreter, die schon wieder Neuerscheinungen ranschleppen, wenn der alte Schrott noch eingeschweißt im Keller steht. Jeder Buchhändler hasst Verleger noch mehr als seine Kundschaft. Sein Hass auf die Verlage drückt sich auf verschiedene Weise aus: Er versucht, die Titel von den besonders Aufdringlichen falsch einzuordnen, damit sie ja keiner kauft. Besonders in der Abteilung »Katholische Moraltheologie«, wo nie jemand reinguckt, stehen haufenweise Deportierte herum. Jeder Sortimenter hat seine Gulag-Abteilung für verhasste Verlage und Autoren.

Wobei der Inhalt natürlich egal ist. Am meisten verachtet der Händler Bücher, die von der Größe her nicht in den Normabstand seiner Ladeneinrichtung passen. Deren Autoren lädt er gerne zu Lesungen in seinen Laden ein und foltert sie mit trockenen Käsebrötchen.

Wenn ihm ein Verlag über Jahre auf den Geist geht, bestellt der Händler auch schon mal haufenweise Bücher, bloß um sie wieder zu remittieren. Wenn er Glück hat, muss er das Zeug gar nicht zurückschicken, weil der Verlag eh den ganzen Mist verramscht. Dann schiebt der Buchhändler große Tische nach draußen in die F-Zone mit all den Büchern, die er hasst. Grinsend guckt er durch sein Schaufenster und freut sich, wie die Tauben alles vollkacken. Das Ganze nennt sich dann »Billige Bücherwoche«.

Richtig sauer wird er allerdings auf solche Verlage, die ihre blöden Schwarten nicht richtig in Folie einschweißen wie ein Tiefkühlhähnchen. Labbrige Papierhüllen oder ungeschützte Buchdeckel aus Pappe sind ihm ein Graus. Sowas hat die versiffte Kundschaft doch ruckzuck in Altpapier verwandelt und wer hat den Ärger mit dem Mist?

Als ob man sich über die Verlage nicht schon genug aufregen müsste, bleibt natürlich noch Feind Nummer eins: der Leser. Anders als der Hauptkunde, also der Nichtleser, kann man ihm nicht jeden Mist andrehen. Unangenehm auffallen kann er besonders durch folgende Eigenschaften: Er will ein bestimmtes Buch. Eine Frechheit! Da liegen 100.000 ungelesene Teile im Laden herum und diese Nervensäge will ausgerechnet ein Buch, das nicht da ist, dabei kennt er nicht mal die Hälfte von dem vorhandenen Bestand. – Eingebildeter Sack! Damit das nicht zur Gewohnheit wird, muss er ein bestelltes Buch im Voraus blechen.

Er stellt Wissensfragen an die Verkäufer: »Sind im neuen Houellebecq auch soviel schweinische Stellen wie bei den ersten beiden?« Natürlich hat er das Buch längst im französischen Original gelesen und will bloß den Buchhändler aufs Glatteis führen.

Er fragt an der Kasse, ob man den riesigen Preis-Aufkleber, der quer auf dem Titel pappt bitteschön abmachen könnte. Ja, soll das ein Witz sein? Der ist mit Zweikomponentenkleber auf ewig mit dem Buchrücken vermählt.

Er will sein pissiges Reclamheftchen als Geschenk eingepackt haben. Auf diese Weise schnorrt er bei jedem Buchkauf Geschenkpapier, das er zu Hause schubladenweise hortet.

Er tauscht Bücher um. Dazu hat er sich extra ein Folienschweißgerät von Tchibo gekauft, damit die Bücher wie ungelesen aussehen.

Wenn Sie sich bis hierhin durch dieses Buch gekämpft haben, dann gehören Sie zur kulturellen Restelite dieses Landes. Sie sitzen jetzt wahrscheinlich zu Hause auf ihrem Tiefspüler und rezipieren wie jeden Tag ein paar Seiten von dem hübschen Schmunzelbändchen. Es sei Ihnen von Herzen gegönnt.

Die Bescheuerten

Pilotversuch der Bundesregierung:
Hinweisschilder für total Bekloppte.
Es folgen noch:
»Fenster nur auf wenn geöffnet« *und*
»Lampe nur an wenn hell«.

Vollzeitjob Verbraucher
Alles vergleichen

Wenn man im vergangenen Jahrtausend eine neue Waschmaschine brauchte, ging man zum Waschmaschinen-Dealer, ließ sich die Tasche volllügen, zahlte zu viel Geld und war froh, dass der ganze Mist in 'ner Viertelstunde vorbei war. Doch im Zeitalter der globalen Transparenz darf man sich nicht mehr ruhigen Gewissens übers Ohr hauen lassen. Im Zwischennetz kann man die verfickten Waschmaschinenpreise auf dem ganzen Globus miteinander vergleichen, sich technische Datenblätter runterladen, bis die Platte raucht, und seinen Jahresurlaub bei deren Lektüre verjuxen. Einfach in den Laden latschen und zum Thekenlurch die dürren Worte sprechen »Einmal Waschmaschine bitte«, das is nich mehr. Da man die Möglichkeit der weltweiten Datendurchsicht nun mal hat, will sie auch genutzt sein. Jeder Kauf gerät zur Staatsaktion, als gälte es, den Eurofighter zu beschaffen. Wie schön wars doch, als wir Verbraucher noch im Paradies der Unkenntnis lebten. Jeder Ladenschwengel konnte uns betuppen, und wir mussten uns nicht das Gehirn mit Waschmaschinenfachwissen zuscheißen. So hatten alle was davon, und wir waren SCHÖN doof – die Betonung liegt auf SCHÖN. Denn was gibts Netteres, als über etwas nicht Bescheid wissen zu müssen. Als das Auto neu war, hatte der Mann von Welt selbstverständlich keinen Führerschein. Als die Schreibmaschine in die Büros einzog, tippte natürlich nicht der Chef. Sogar beim Computer warens zuerst die niederen Muschkoten, die sich mit dem Teufelszeug befassten.

Heute muss man selber den Daimler lenken, den Rechner verstehen, und auch privat ist der Sich-überall-Auskenn-Terror ständig präsent. Wo liegt der optimale Druck bei Espressomaschinen, welche Heizleistung sollte ein Haartrockner haben, auf wie viel Hertz ist der Eierkocher getaktet – ist mir doch scheißegal. Ja, und wo ist der Krempel am billigsten? Sind nicht zurzeit bei niedrigem Dollarkurs die DVD-Brenner als US-Import viel günstiger? Oder lieber den Rasenmäher über eine malaysische Kundenkreditbank auf drei Jahre geleast? Müsste man mal durchrechnen. Oder auch nich! Gib her die Scheiße und Wiedersehen, das Leben ist schließlich kein Sonderheft der Stiftung Warentest.

Abgebrochene Krone der Schöpfung
Witzfigur Mann

Ein Jahr ist noch keine Woche alt, und doch steht die Witzfigur schon fest. Es ist wie in den Vorjahren der Mann. Nicht nur, dass er sich selbst ständig durch seine missratenen Vertreter in Politik und Kultur dazu macht, auch von der herrschenden Amazonenfront wird das gestrige Geschlecht zunehmend mit Füßen getreten. So hat sich die Bundesjustizministerin für dieses Jahr ganz fest vorgenommen, illegale Vaterschaftstest mit Freiheitsstrafen zu ahnden. Was heißt da eigentlich »illegal«? Ist es nicht nur zu verständlich, wenn vermeintliche Väter den Gegenwert eines kompletten Einfamilienhauses nicht so ohne Weiteres in die Aufzucht eines untergeschobenen Bankerts stecken wollen? Weiblicher Vaterschaftsbetrug ist damit nicht nur weiterhin legal, sondern dessen Aufklärung sogar strafbar. Bravo! Neben der lebenslangen Unterhaltspflicht und der Annullierung von Eheverträgen für Männer der dritte Grund, die Ehe zu meiden wie der Alkoholiker das Mineralwasser. Ganz Deutschland entwickelt sich zu einem riesigen Frauenparkplatz, auf dem Alleinerziehende in gender mainstreaming-workshops über sexual enharrassement beim Geschlechtsverkehr diskutieren. Männer sind doof und stinken. Sie erbringen 80 % des Steueraufkommens, zahlen den gleichen Beitragssatz zur Rentenversicherung, obwohl sie sechs Jahre kürzer leben, und werden dreimal so häufig in Parkhäusern überfallen. Und was haben sie davon? Nicht mal 'ne eigene Briefmarke. Nach achtzehn Jahren wird jetzt die Serie »Frauen der deutschen Geschichte« eingestellt, danach kommt aber nicht etwa »Deutsche Männer in drei Jahrtausenden«, sondern Blumenmotive, was ja nichts anderes ist als Frauen in anderer Gestalt. Im Gespräch waren auch noch »Heimische Tiere«, an Männer wurde nicht mal gedacht. Als Krönung der Entwicklung wird das opferzentrierte Hegemonialstreben des Weibes auch noch »Gleichberechtigung« genannt. Dann jetzt aber auch richtig. Wie wärs damit, die Bezeichnung »Mann« grundsätzlich zu verbieten, weil durch die reine Nennung irgendwelche anderen Geschlechter gemobbt werden könnten? Der Bundesjustizministerin schlage ich vor, die Feststellung des Geschlechtes »männlich« in der Entbindungsstation unter Freiheitsstrafe zu stellen, damit spätere Operationen in Richtung gender upgrading nicht durch dieses Kainsmal traumatisiert werden.

Rückzug des Privaten
Die Fahrgastzelle

Die Arbeit, der Job, die Maloche ist dem Volksglauben nach noch immer Stressfaktor Nummer eins. Doch unbemerkt hat sich ein ganz anderer Bereich nach vorn geschoben: das so genannte Privatleben. Der Name klingt nicht nur wie eine Autobahnabfahrt kurz vor Magdeburg, sondern ist auch ähnlich berauschend. Durchwoben von Zwängen, Terminen und unfreiwilligen Sozialkontakten, ist die Zeit nach Feierabend ein ungastlicher Ort geworden. Denn anders als in der Firma gibts keinen Tarifvertrag, keinen Lohn und erst recht keine 35-Stunden-Woche. Privatleben hört nie auf. Man darf keinen Urlaub nehmen, nicht kündigen, höchstens mal für fünf Minuten zur Toilette huschen. Wer ein Auto hat und das Glück eines langen Wegs zur Arbeit, zudem noch von Fahrgemeinschaften verschont bleibt, dem wird der Pkw zur letzten Klause des Privaten. Hier darf man den Gedanken freien Lauf lassen und muss mit niemandem sprechen. Die anderen Primaten sind wie im Zoo sicher hinter der Glasscheibe verwahrt, und man kann sie völlig unzensiert beschimpfen – mit Worten, die noch nie über die Schwelle einer Dudenredaktion gelangt sind. Vorsicht bei Cabrios!

Das Privatleben heute ist eine Fahrgastzelle. Noch immer

werden die meisten Autos als Viersitzer ausgeliefert, um den Grusel präsent zu halten, da könnten tatsächlich andere sein. So aber dehnt sich das Private bis in die letzten Winkel des Pkw aus: Auf dem Beifahrersitz ergießt sich eine Landschaft aus leer gefressenen Haribotüten, im Fußraum klötern Coladosen umher, und der Fond ist eine Ausgrabungsstätte der Alltagsarchäologie. Die Fahrgastzelle ist der letzte Lebensraum des archaischen Menschen: Hier popelt er, hier kratzt er sich genüsslich an den Geschlechtsteilen, und hier darf er jenseits aller zivilisatorischen Regeln das Pack dort draußen zum Satan wünschen. Oft nur eine knappe Stunde am Tag ist der Mensch wieder Mensch, tagträumt von Milan-Raketen, die den Wagen vor ihm zerfetzen, riecht den eigenen Fürzen auf dem Weg in die Unendlichkeit nach. Und wenn der Individualverkehr durch Politik oder versiegende Ölquellen irgendwann ein Ende findet, wird man in den Vorgärten aufgebockte Opel Vectras sehen, in denen Menschen wie du und ich genüsslich vor sich hin fluchen und Fast-Food-Reste auf den Rücksitz schmeißen.

Megastress, wenns schöner wird
Hilfe, der Lenz ist da

Früher guckten die Leute nachts in den Himmel, und wenn die Kraniche durch die Lüfte pflügten, wussten sie: Bald wird es Frühling. Wenig später torkelten auch schon die ersten Kibitze am Himmel, und Meister Adebar stocherte in der

*Hinter den Büschen beginnt die Norddeutsche Tiefebene:
fünfzig Meter Höhenunterschied.*

feuchten Niederung nach Lurchi und seinen Freunden. Im Lenz erwachte nicht nur die Natur aus der Depression des Winterhalbjahres, auch der Mensch trieb mit allerlei Schabernack Väterchen Frost vom Kalender – eine Zeit der Hoffnung und des Neubeginns. Alles vorbei. Heute ist der herannahende Frühling, noch mehr der Sommer, eine Drohung, der man nicht ausweichen kann. Die über den Winter genährte Mastwampe will auf Bademoden-Kompatibilität heruntergehungert werden. Dazu begibt sich der feiste Chipsverbraucher in die Gefangenschaft der absurdesten Speisezettel: Trennkost, Schnitzeldiät, sechs Wochen lang alte Brötchen fressen – nichts ist zu beschwerlich, wenn es darum geht, den Ranzen wegzuschmachten. Doch allein die Vermagerung reißt es noch nicht, beim drohenden Wegfall der textilen Sichtschutzelemente muss der rosa Schweinchenkörper auch noch durchgefärbt werden. Erneute Torturen an der Bräunungsfront erwarten den Mitteleuropäer. Das bleiche Geschwabbel wird Woche um Woche unter die Neonröhre gezwängt, damit im Juli an der See das Larvige der Außenhaut verschwunden ist. Die Restbetuchten im klammen Schröder-Deutschland müssen sich mit noch viel mehr Frühlingsproblemen herumschlagen. Da ist das Cabrio, das wieder in der City promenieren will. An sich nicht weiter schwierig, aber wenns ein BMW Z3 ist? Wie peinlich, da gibts doch schon das Nachfolgemodell. Auch der Audi TT sieht nicht mehr ganz so frisch aus, vom Mercedes CLK soll auch wieder ein Neuer kommen – der reinste Horror. Hat man dann auch noch ein kleines Segelboot in MeckPomm vertäut oder eine günstig geschossene Datsche zu entstauben, artet der Frühlingsbeginn leicht in Hetze aus: »Hach, man findet ja heutzutage kein zuverlässiges Personal mehr – was machen die eigentlich den ganzen Tag, die Arbeitslosen.« Keine Ahnung, wahrscheinlich haben die 'ne eigene Jacht zu entmotten. Alle sind im Stress. Grad hat man sich für ein Feriendomizil entschieden, ist es ausgebucht. Wieder war man zu spät beim Anmelden des Urlaubs in der Firma, nur Anfang November war noch frei. Die Winterreifen müssen noch bis August draufbleiben, weil man sich keine neuen Sommerreifen leisten kann. Den Grill hat man vergessen, im Herbst reinzuholen und, ähem, vorher sauber zu machen. Auf dem Balkon stehen dreißig leere Tongefäße mit toten Knüppeln drin, wohl doch nicht frostfest gewesen die brasilianische Äquatorprimel! Der ganze verdammte Frühling ist ein einziger Tobsuchtsanfall. Warum kann es nicht einfach Winter bleiben. Auf der Heizung sitzen, Glühwein trinken und Stollen fressen bis die Wampe platzt, ist doch viel sinnlicher.

Neue Räude bei den Rangen
Höchstbegabungsverdacht

Das Kind, zumal das selbst gemachte, ist in Deutschland Mangelware. Und wie alles, das so selten ist, wird es überschätzt. Neuester Elternwahn ist der Höchstbegabungsverdacht gegenüber jedwedem schiefen Knilch, der das Licht der Welt erblickt. Ist noch gar nicht lange her, da war jedes Balg irgendwie krank: Zappelphilipp-Syndrom, Legasthenie, Dyskalkulie, Pseudo-Krupp oder Kindergärtnerinnen-Allergie: Die ganze Brut bestand bestenfalls aus B-Ware. Hintergrund war natürlich, die Verantwortung für das elterliche Aufzuchtversagen an ein objektivierbares Krankheitsbild zu delegieren und mit Pharmaka aus der Welt zu schaffen. Das war praktisch, hatte nur den Nachteil, dem Rangen das Stigma des letztendlich Bekloppten aufzudrücken. Da ersann sich die Elternfantasie das Hirngespinst der Höchstbegabung. Geradezu als Karikatur auf die tatsächlichen PISA-Ergebnisse strotzt es unter den Germanenwelpen seither nur so von Blitzgescheiten, die an sich jede Menge Klassen überspringen müssten, wenn sie nicht gar direkt die Windeln gegen Harvard wechseln. In auffälliger Korrelation zum Einzelkindstatus ist fast jeder normale Dreikäsehoch ein verkannter Einstein, dem mit ein paar pädagogischen Push-ups the Return of Relativitätstheorie abgeluchst werden könnte. Da wollten auch die Sorgebefugten der Lesekrüppel, Rechenzwerge und Zappelfritzen nicht hintanstehen und erklärten flugs auch ihre Nachzucht zu Höchstbegabten. Klein Patrick ist nicht etwa zu blöd zum Lesen, sondern dermaßen megabegabt und schweinekreativ, dass ihn die Zweidimensionalität des Schriftbildes unterfordert. Ach so! Und warum kann Lisa nicht still sitzen und nuckelt den eigenen Kot vom Finger? Weil die Eltern in ihrer Freizeit hackebreit mit Schürhaken aufeinander losgehen? Ach wo! Nein, Lisa ist ein motorisch hochtalentiertes Mädchen, das die Grenzen des bürgerlichen Reinlichkeitsterrors längst qua Intelligenz überwunden hat. Na bitte! Dann können wir nur hoffen, dass in der nächsten PISA-Studie Scheißefressen mit auf dem Lehrplan steht.

Vollkommenheit um uns herum:

Die Badezimmerfliese – Wächterin des Ebenmaßes. Die Fliese – eine der erstaunlichsten Schöpfungen, die Menschenhand je vollbracht hat. In ihr vereint sich Ebenmaß mit vollkommener Abwaschbarkeit. Nicht Seifenlauge noch Harnsäure können ihrem Antlitz schaden.
In perfekter Harmonie lebt sie mit ihresgleichen an der Wand. Doch die Fliese wäre nicht die Fliese, wenn sie nicht genau wüsste, wie schwer es ist, mit ihresgleichen Frieden zu halten. Drum grenzt, anders als beim Reihenhausgrundstück des Menschen, nicht eine an die andere, sondern zwischen ihnen tut die Fuge ihren stummen Dienst.
Fliese und Fuge, zwei, die einander gefunden haben.
Beide blicken sie in erhabener Strenge hinab auf die niedere Geschäftigkeit des Bedürftigen.
Es gibt nicht ihresgleichen auf Erden, das so viel menschliches Elend gesehen hat und dennoch nichts von seiner alabasternen Schönheit einbüßte.
Die Fliese – dein stiller Freund an der Wand!

Die Badezimmerfliese

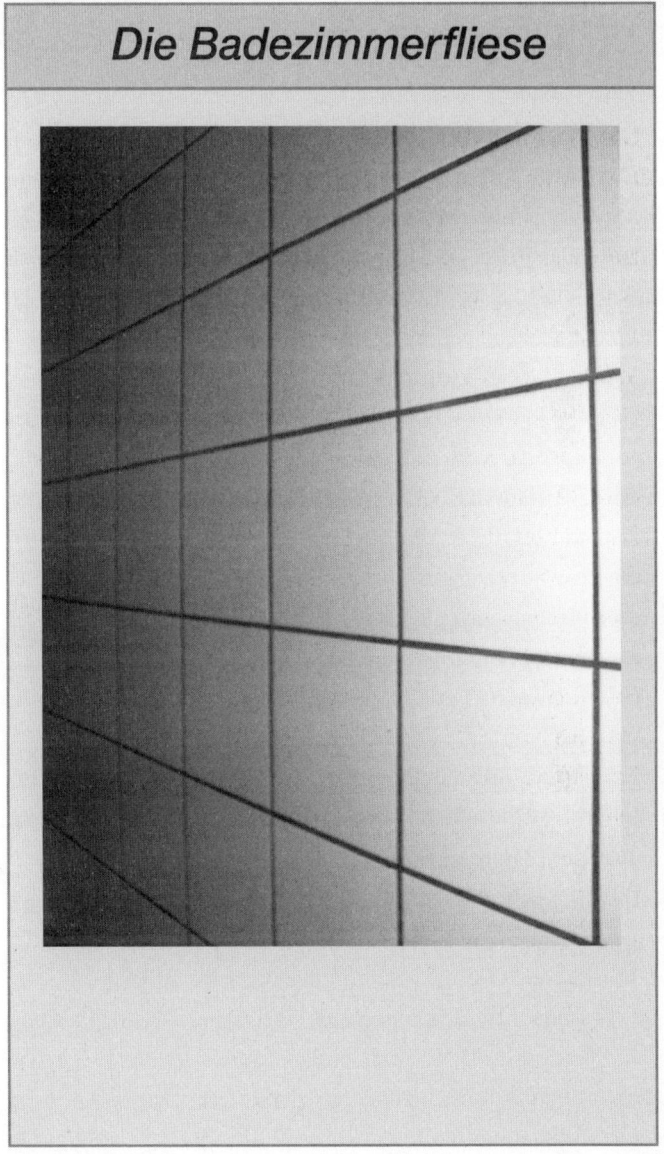

Auch welche, die nerven
Schwule

Hallo, liebe Schwulen, meint ihr nicht auch, allmählich reicht es? Muss man eigentlich mit ausgeschnittener Arschklappe in der Öffentlichkeit rumrennen, sich am Piephahn ziepen und seine ganze Person zwischendurch auf das Stadium eines Dreijährigen reduzieren: pipi, kaka, fikifiki? Oder kann man auch mal erwachsen werden? Der immense Vorteil der Heterosexualität ist ja, dass man sich nicht darüber definieren muss. Mir ist es völlig egal, ob mein Friseur oder Gastwirt so oder andersrum ist. Ich kaufe auch meine Winterreifen nicht beim Hetero-Reifenhändler, sondern bei irgendeinem Reifenhändler. Und wenn ich häufiger mit Heteros als mit Schwulen meine Zeit verbringe, so liegt das zum einen daran, dass es mehr Heteros gibt als Schwule, und zum zweiten, dass der Schwule lieber mit Schwulen zusammen ist, und wenns nur der Reifenwechsel ist. So, und genau deshalb nennt man uns Heteros die Normalen: Nicht weil das besser ist, sondern weil wir uns trotz der angeborenen Abartigkeit nicht in erster Linie als Richtigrumme begreifen. Wir outen auch keine anderen Normalen, wir outen ja nicht mal Schwule, weil es uns nämlich völlig egal ist, wie rum jemand ist, solange er nich dauernd Hildegard Knef oder Zarah Leander nachahmt. Es muss schon ziemlich übel sein, wenn man eine akzeptierte Minderheit geworden ist; keiner regt sich mehr über schwule Politiker auf. Diese ganze Bande geht einem am Arsch vorbei, egal wie rum. Schwule sind eben genauso bescheuert wie alle andern auch, die sind nix Besonderes, das ist die bittere Wahrheit. Ich finde, man sollte ein Geschäft machen: Schwule dürfen so viele Kinder adoptieren wie sie wollen, wenn sie im Gegenzug nicht mehr so oft auf der Bühne stehen. Weniger Transen, weniger grauenhaft gebrummte Chansons, weniger Rumgetucke ohne Zweitqualifikation außer der, schwul zu sein. Das würd' uns doch alle weiterbringen. Und in der Öffentlichkeit nicht mehr mit nacktem Pöter rumrennen, dann würden wir euch alle noch viel mehr mögen.

Standort Deutschland
Autokauf

Wenn man sich im letzten Jahrtausend einen Pkw kaufen wollte, dann schlich man Sonntagvormittage lang über Autohöfe, wühlte in den Kleinanzeigen der Tageszeitungen herum oder ließ sich vom Händler seines Vertrauens übers Ohr hauen. Is alles nich mehr, denn heute gibts ja Internet. Zügig die Daten des Anforderungsprofils in die Maske gezergelt und heidewitzka – pling – is auch schon die gesuchte Möhre auf dem Schirm. Das geht ja ab wie Schmidt sein Sohlengänger, dieses Internet-Geshoppe. »Bei telefonischer Anfrage geben Sie bitte unbedingt unsere interne Auftragsnummer an!«, stand unten auf der Seite. Warum nicht, wenns dadurch hurtiger geht.
— *Autohaus am Klärwerk, EU-Reimporte zu Hammerpreisen, ständig über 1000 Autos am Lager. Mein Name ist Cordelia Lukoschat, was kann ich für Sie tun?*

— *Dietmar Wischmeyer, guten Tag, ich interessiere mich für den auf Ihrer Internetseite inserierten Gebrauchtwagen mit der internen Auftragsnummer 4063 Strich 05 74.*
— *Moment, da verbinde ich Sie am besten mit dem VERkauf.*

Wenn die Betonung auf der ersten Silbe liegt, kann ich mir meistens schon die Granate am anderen Ende vorstellen. Auch diesmal wurde ich nicht enttäuscht.
— *Kruckemeyer!*
— *Guten Tag, Dietmar Wischmeyer, ich interessiere mich für den auf Ihrer Internetseite inserierten Gebrauchtwagen mit der internen Auftragsnummer 4063 Strich 05 74.*
— *Was soll das für einer sein?*
So viel zur internen Auftragsnummer, ohne die nichts läuft.
— *Das ist ein schwarzer Audi, Diesel, Baujahr 99.*
— *Moment, woher hamse das gehört?*
— *Was gehört?*
— *Dass wir den verkaufen!*
— *Äh, hab ich Ihrer Internetseite entnommen.*
— *Uääärrhhh, muss ich erssma raussuchen, kann ich Sie zurückrufen!*

Ich gab ihm meine Rufnummer in der Hoffnung, dass jemand, der was zu verkaufen hat, schon aus Eigeninteresse recht zeitnah den erneuten Telefonkontakt suchen wird. Weit gefehlt, nach zwei Stunden drückte mein Daumen auf die Wahlwiederholungstaste.
— *Autohaus am Klärwerk. EU-Reimporte zu Hammerpreisen. Ständig über 1000 ...*

- *Jaja, Dietmar Wischmeyer, ich hätte gern Herrn Kruckemeyer aus dem VERkauf gesprochen.*
- *Der ist nach meinem Kenntnisstand in seiner Pause, Herr Froschmeier, wenn Sie vielleicht später noch ...*
- *Geben Sie ihm doch bitte meine Nummer, und er möchte mich dann kurzfristig zurückrufen, ja?*
- *Sehr gern, ich werde die Info kommunizieren.*

Entweder wurde da gar nichts kommuniziert oder Kruckemeyer hatte sich in seine Menopause verabschiedet. Am späten Nachmittag schließlich suchte mein ungeduldiger Daumen erneut die Rufnummer des Gebrauchtwagenverbimmlers.
- *Autohaus am Klärwerk, EU-Reimporte zu Hammer...*
- *Jajaja, geben Sie mir mal den Kruckemeyer aus'm VERkauf.*
- *Moment, da verbinde ich Sie in den VERkauf.*
- *Zogossa!*
- *Sind Sie's, Herr Kruckemeyer?*
- *Ach so, ich dachte, meine Alte ruft schon wieder an.*
- *Ja, Wischmeyer hier, ich melde mich noch mal wegen des gebrauchten Audis, Diesel, schwarz.*
- *Ich bin hier gerade mitten in einem Kundengespräch, kann ich Sie da eventuell zurückrufen, Herre ...*
- *Froschfresser, äh, Wischmeyer. Nein, ich warte seit heute Vormittag auf Rückrufe Ihrer Firma und ...*
- *Is nur so, ich hab hier gerade einen Stehen und da kann ich ...*

Es kostete mich all meine Kraft, hier nicht die Steilvorlage zum schlüpfrigen Scherz zu nutzen.
– *Herr Kruckemeyer, ich möchte erst mal nur wissen, ob der Wagen überhaupt noch zur Verfügung steht.*
– *Ja, weiß ich nich, da müsste ich dann ja erst mal nachgucken.*

Das stimmte natürlich, das hatte ich ihm damit wohl zugemutet, aber mal eben eine Internetseite aufrufen, konnte so schwer ja auch nicht sein.
– *Herre Wischmann, ich hab mal eben so aussen Fenster geguckt, hinten auf 'm Platz da steht so 'n schwatter Wagen, könnte ein Audi sein, beschwören kann ichs allerdings nich – wäre Ihnen damit gedient?*
– *Schauen Sie doch bitte gerade mal in Ihrem Computer nach, ich hätte da auch noch ein paar Fragen bzgl. der Ausstattung.*
– *Moment, ich rufe Sie zurück!*

Noch ehe ich erwidern konnte, hatte Kruckemeyer alias Zogossa das Gespräch beendet. Den Rückruftrick durchschaute ich mittlerweile, so kam mir der Bursche nicht davon. Da die Rufnummer vom Autohaus am Klärwerk mitsamt Durchwahl bereits in mein Adressbuch übergewechselt war, hatte ich Kruckemeyer sofort wieder am Hörer.
– *Zogossa!*
– *Ich bins, Herr Kruckemeyer …*
– *Hier is Egbert Zogossa.*
– *Sicher! Um noch mal auf den gebrauchten Audi zurückzukommen, haben Sie da etwas rausgefunden.*
– *Der is seit drei Monaten verkauft.*

- *Aber der steht doch noch immer auf Ihrer Internetseite.*
- *In der Hinsicht bin ich momentan überfragt, Internet macht bei uns ein Herr Rukalnic, der is meistens mittwochs da, wenn Sie's da vielleicht mal so um die Mittagszeit versuchen würden. Warten Sie, ich geben Ihnen mal die Durchwahl ... Grobodan Rukalnic, äh, das is die ... Moment.*
- *Autohaus am Klärwerk, EU-Reimporte zu Hammerpreisen ...*

Jetzt reichte es mir: Seit acht Stunden versuchte ich hier verzweifelt, die Binnennachfrage anzukurbeln, doch der Mittelständler stellte sich tot.

- *Ja, hier noch mal Wischmeyer, geben Sie mir sofort Ihren Geschäftsführer.*
- *Der ist zurzeit in einer Besprechung, kann er Sie zurückrufen?*
- *Nein! Holen Sie ihn raus aus seiner verfickten Besprechung und schleifen Sie ihn gefälligst sofort an das Fernsprechendgerät – ich warte.*
- *Moment!*
- *Zogossa!*
- *Ach hören se doch auf mit dem Blödsinn, Kruckemeyer?*
- *Wen haben wir denn da bitte schön? Bist du's Hildegard?*
- *Nein, hier ist nicht Hildegard, sondern jemand, der ein Auto bei Ihnen erwerben möchte, wenns nicht zu viel Mühe macht natürlich nur.*
- *Haben Sie da was Bestimmtes im Auge?*
- *Seltsamerweise ja! Es geht immer noch um den schwarzen Audi von Ihrer Internetseite.*

- *Da hat vorhin schon mal so 'n Mann angerufen deswegen.*
- *Interessant.*
- *Ich kann Ihnen ja mal die Nummer von dem Kerl geben, vielleicht kann der Ihnen da Näheres zu sagen, ich bin da im Moment nich ganz drin in dem Thema. – Oder, warten Sie, ich verbinde Sie gleich. – Is besetzt!*

Nachdem mir Herr Kruckemeyer freundlicherweise noch meine eigene Rufnummer gegeben hatte, war ich, auch was das Thema Schutz von Kundendaten anbetrifft, reichlich desillusioniert über den Standort Deutschland. Am anderen Morgen versuchte ich ein letztes Mal Kontakt aufzunehmen. Den Ansagevers der Kommunikationsgehilfin vom Empfang überspringen wir an dieser Stelle mal.

- *Guten Morgen, Wischmeyer meine Name, ich rufe an wegen des inserierten schwarzen Audis auf Ihrer Internetseite.*

Ich hörte noch, wie mein Gegenüber auf eine Taste drückte, offenbar war es allerdings die falsche, denn ich blieb weiterhin in der Leitung.

- *Hallo, Krucki, ich bins, die Cordi vom Empfang, hier is wieder der Nervenarsch von gestern, soll ich ihn dir durchstellen oder willst du zurückrufen?*

Kruckis Entscheidung wollte ich nicht mehr abwarten. Ich legte auf, kaufte mir tags drauf einen rumänischen Kleinwagen und verließ die Binnennachfrage durch die Hintertür.

Zwei, die sich nicht mögen
Körper und Seele

Der religiöse Mensch glaubt an den Dualismus von Körper und Seele – dummerweise hat er recht! Mitnichten regiert nämlich der selbstreflektierende Vorstand das ganze Hominidengebilde, sondern irgendwo da drinnen herrscht noch eine archaische Arbeitnehmervertretung des Körpers. Müssen wir z.B. einen frühen Flug erreichen und jede gewährte Stunde Schlaf bis drei Uhr morgens wäre kostbar, dann weigert sich der renitente Körper, das System rechtzeitig runterzufahren. Stundenlang muss unsere geschundene Seele offenen Auges mitansehen, wie die Körpersau putzmunter in der Falle liegt, während der Zeiger unerbittlich bis zum Weckerklingeln fortschreitet. Und um den Hohn vollkommen zu machen, fällt das Schwein eine halbe Stunde vor dem Rasseln in den Tiefschlaf, aus dem wir dann umso gnadenloser aufgeschreckt werden. Warum tut uns der Körper so etwas an, wer regiert da unten eigentlich? Sogar mit der Hammas kann man verhandeln, warum nicht mit dem eigenen Körper? Warum steigt z.B. der Harndrang proportional mit der Unmöglichkeit, ihm nachzugeben? Stundenlang können wir direkt neben einem Pissoir Weizenbiere in uns reinschütten – keine Reaktion. Nach 12 Stunden Sahara ohne Wasser in einem Lift feststeckend, meldete sich hingegen die Blase sofort. Warum arbeitet der Körper gegen uns? Er raucht, obwohl es tödlich enden kann, er säuft zu viel, frisst am liebsten ungesunde Sachen, und hasst es, sich zu bewegen. Den Geschlechtsverkehr schätzt er hauptsächlich mit Personen, die nachher den größten Ärger machen, und wenns drauf ankommt, lässt er uns hängen. Was für ein Arschloch! Hemmungslos nutzt er seine Monopolstellung aus, genau wissend, dass wir unsere Seele nicht einfach in einen Osteuropäer verlagern können. Doch was will dieser andere, der da in uns regiert, eigentlich wirklich? Uns fertig machen? Nicht mal das! Für die Seele hat er nur Hohn und Spott übrig, er lebt nach eigenen Gesetzen. Fünf Jahre Kriegsgefangenschaft bei Baumrinde und Jauche: Der Körper überlebt und wird 90, fünf Jahre McDonald's: Er ist mausetot. Was soll so was, da stimmt doch was nicht. Die Geschichte der Menschheit ist der Versuch, der Arbeitnehmervertretung im eigenen Arsch – oder wo immer sie haust – Vernunft beizubringen. Dieser Versuch kann als gescheitert betrachtet werden. Am ehesten erfolgreich sind noch die Asiaten, die Körper und Seele in Einklang zu bringen hoffen. Dazu kreuzen sie die Beine, hocken stundenlang unbeweglich in der Gegend herum und blicken in sich hinein. Welch heißer Film auch immer innen im Asiaten drin gezeigt wird, ich guck lieber weiter nach draußen. Den Dualismus von Körper und Seele halte ich am besten aus im Frühling: mit meiner Seele und einem anderen Körper – da haben wir ihn doch noch gekriegt, den inneren Schweinehund.

Motor der Gesellschaft
Schwarzarbeit

Eine der wenigen Protestformen, die der moderne Mensch dem terroristischen Zugriff des Staates auf sein gesamtes Leben entgegensetzen kann, ist die Schwarzarbeit. Hier gibts die Marie noch ohne bürokratischen Super-GAU und vor allem in toto auf die Kralle. Gäb es nicht dieses Ventil, der Überdruck an Schwachsinn hätte die Gesellschaft schon auseinander gesprengt. Undenkbar, für jeden Schiss an Arbeit gleich ein Minijobangestelltenverhältnis mit Scheinselbstständigkeitverdachtsausräumung einzugehen. Unvorstellbar auch, dass Handwerksleistungen tatsächlich von Meister Eder und seiner Pumuckeltruppe getan würden. Ohne Schwarzarbeit bricht der ganze Saftladen hier doch komplett zusammen. Und was viel schlimmer ist: Missgönnt der Staat dem Steuerzahler seinen kleinen Beschiss, so könnte es sein, dass der Normalo von nebenan die Riesensauereien der herrschenden Schweinebande auch nicht mehr länger hinnehmen mag. Stellst du mir meine Schwarzarbeit unter Strafe, grill ich dir morgen den Arsch. Die Bundesrepublik nämlich ist eine Konsensgesellschaft, die auf der stillen Übereinkunft beruht, dass jeder im Rahmen seiner Möglichkeiten den Staat bescheißen darf. Wird dieser Vertrag einseitig von oben gekündigt, gibts unten Zoff. Es kann ja wohl nich angehen, dass Manfred – das Gespenst – Stolpe täglich Millionen verschleudert und weiterhin ungegrillt durch den Reichstag schleicht, während wir für zwei Stunden steuerfreies Putzen in den Bau wandern. Mal abgesehen davon, dass die Aufklärungsquote bei Schwarzarbeit wohl gegen null streben dürfte. Warum also erlässt eine Regierung ein solches Gesetz, das den sozialen Frieden nachhaltig gefährdet, kein Geld einbringt und niemanden in Lohn und Brot versetzt? Die Gründe sind immer die gleichen bei allen politischen Entscheidungen, deshalb funktioniert Politik ja auch so schlecht: Ein Gehirn ist kein PC, d.h., auch wenn das einzelne zu großartigen Leistungen befähigt ist, so ergibt das Zusammenschalten ganz vieler Gehirne keinen Supercomputer, sondern eine breiige Dämlichkeit. Biologische Rechner nämlich substrahieren sich voneinander beim Zusammenschalten. Das Ergebnis nennt man größte gemeinsame Schnittmenge, Kompromiss oder einfach: ein Haufen Scheiße. Wie an dieser Stelle wieder einmal sehr schön zu beobachten war.

Kurz vor der Menschwerdung
Jugendliche

Einen durchgeknallten Rottweiler loszuwerden ist kein Problem: eine Quietsche-Ente am Halsband festmachen und raus auf die Straße jagen. Binnen Sekunden findet sich ein hyperventilierender Bürger, der die Streife alarmiert, und sofort wird das Feuer auf die nervende Töle eröffnet. Was aber macht man mit einem Jugendlichen, der dieselbe Wohnung mit einem teilt? Mindestens so unangenehm wie ein ganzes Rudel derber Fleischerhunde ist nur ein Exemplar dieser pubertierenden Zwischenrasse auf dem Weg zur Menschwerdung. Sie stinken, sind laut, aggressiv, hören nicht zu und sehen scheiße aus – was man vom Rottweiler ja nicht unbedingt behaupten kann. Eltern, die sich im koitierenden Leichtsinn einst einen putzigen Schmetterling in die Wohnung holten, merken, dass über die Jahre daraus eine gefräßige Raupe wurde. Viel mehr Menschen würden sich wohl ihrer Reproduktionspflicht erinnern, näme der Staat ihnen die Monster mit Beginn der Geschlechtsreife wieder ab. Kadettenanstalten, die christliche Seefahrt, Lehrjahre bei fernen Meistern – was gab es früher doch für herrliche Einrichtungen, bei denen geplagte Erzeuger ihre viehischen Blagen einlagern konnten. Zwischen seinem 12. und 18. Lebensjahr macht vor allem der männliche Jugendliche eine atavistische Phase durch, in der er auf das zivilisatorische Niveau eines Zwergschimpansen absinkt. Keinem Erwachsenen ist es zuzumuten, mit diesem räudigen Möbelschreck eine Behausung zu teilen. Wie entspannt könnte aber die Kinderaufzucht sein, lebte man in der Gewissheit, mit 12 ist der Satansbraten aus dem Haus. Ganztagsschule, was für ein verheißungsvolles Wort, doch was für eine ernüchternde Realität: Am Nachmittag kommen die Pestbraken zurück aus dem PISA-Knast und lärmen die teure Immobilie voll. Damit die Alttiere nicht völlig verzweifeln, wird ihnen eine Klause in der Wohnung zugewiesen, in der sie unbeaufsichtigt ihre Welt aus Handys, Müll und Fast-Food-Resten entwerfen können. Besonders das Familienmännchen muss sich täglich aufs Neue zwingen, den heranreifenden Jungbullen nicht einfach von der Herde wegzubeißen. Keine Chance: In irrationaler Affenliebe befangen, verweigert das Muttertier die überfällige Vertreibung des pöbelnden Junglöwen. Und so vergreist der alte Bock weit vor seiner Zeit, muss über Jahre mit ansehen, wie sein Sohn zum stattlichen Männchen reift, während er seine besten Jahre damit vergeudete, die Söhne Mannheims leiser zu drehen und täglich einem pickligen Muffelkopp den Arsch nachzutragen. Pech gehabt, von einem Rottweiler wäre er jetzt sogar schon auf natürliche Weise befreit.

Deutsche Inseln
Mallorca

Das Eiland mit den schönen Ecken entzückt dank Billigfliegerei von Proll bis Promi die gesamte Teutonenschar. Wobei dem linksliberal, bewusst lebenden, kunsthandwerklich interessierten oder sonst wie veredelten Premiumgermanen der direkte Weg zur Lustbefriedigung verstellt ist. Er fliegt nicht nach Malle, um sich in der Sonne fürstlich zu betanken und gesprächsfrei zu knattern. Er wandert lieber in der Hitze durchs Gebirge, besichtigt muffiges Klerikalgemäuer oder shoppt sinnfreies Kerzengeständere beim Ureinwohner – kurz gesagt: Er benimmt sich wie ein Idiot. Gerade das Eigentümliche einer Insel, nämlich, dass sich drum herum Wasser befindet, versucht er möglichst zu verdrängen. Der Inbegriff mallorquinischer Lebensart ist ihm die staubige Finca weit im Binnenland. Von dort aus unternimmt er seine Expeditionen zu den total ursprünglichen Wochenmärkten, auf denen noch total ursprünglichere Schwarzafrikaner ostasiatischen Scheißdreck verhökern. Er liebt das echte Mallorca weit weg vom Strand, abseits der Touristenpfade, wie er es sich nach drei, vier Gläsern Rotwein immer wieder schönsaufen kann. Deutschland ist hier ganz weit weg, also mindestens 50 cm, da wo der nächste Deutsche anfängt im Café. Wer ständig nach Mallorca fliegt, für den ist diese Insel das ideale Deutschland: warm, überschaubar, alles voller emsiger Ausländer, die Deutsch sprechen und einem den Arsch nachtragen. Warum kanns zu Hause nicht auch so sein? Selbst die Deutschen sind hier sympathischer als zu Hause, denn immerhin müssen sie sich den Aufenthalt ja leisten können. Auf Mallorca ist man nicht einfach da und stinkt wie zu Hause die ganzen Kaputten überall – hier muss man extra hin, und da trennt sich die Spreu vom Reichen. Im Fernsehen lebt kein Guido Westerwelle, in der Zeitung steht nicht das böse Wort SPD – alles ist so entspannt. Mallorca muss man einfach mögen. Selbst das pausenlose Gehämmere der Ureinwohner, wenn sie wieder mal den Fels abtragen, stört nicht wirklich, dient es doch letztlich einem guten Zweck: der raschen Flucht mit dem Mietwagen in die bezaubernde Finca weit im Binnenland, dort wo man sich noch mit dem ursprünglichen Rotwein besaufen kann. Nicht zuletzt fühlt man sich als Deutscher hier so pudelwohl und unschuldig, weil Mallorca zu den wenigen Flecken in Europa gehört, der nicht von der Wehrmacht zum ersten Mal touristisch erschlossen wurde.

Kiosk des Hausmeisters in der Berufsbildenden Schule Neustadt.

Nicht mal das können se
Rechtschreibreform

Noch in dieser Woche sollen die ersten Mahnwachen vor der Duden-Redaktion anrücken. Menschenketten, Kerzen, Friedensgebete – alles gegen die Rechtschreibreform. Wieder mal dreht der Deutsche komplett durch. Nur der Ex-Zoni hält sich noch bedeckt: Einerseits hat er mit »Hartz Vier« genug montagsdemomäßig anne Hacken, andererseits deckt sich seine Sprache ohnehin nur zu 5 % mit irgendeiner Rechtschreibung. Das Volk insgesamt ist jedoch erzürnt, und jeder tut so, als ob er der Rechtschreibung – sei es nun die alte oder die neue – überhaupt mächtig sei. Dort, wo die Freizeit-Legastheniker selber formulieren dürfen – in den Produktbeschreibungen bei eBay etwa – trieft die orthografische Inkompetenz nur so aus den Zeilen. Will sagen: der Normo-Deutsche kann sowieso nicht richtig schreiben, da ist es völlig egal, welches System er nicht beherrscht. Ja, aber die Zöglinge, heißt es dann, die haben doch gerade erst das Känguru ohne »h« gelernt, die können doch nicht schon wieder ... blabla. Wenn das letzte Diktatheft für immer geschlossen wird, dann hacken die Pimpfe ohnehin nur noch ihre Wortfragmente in die Mobilquatsche. Und wozu muss jemand richtig schreiben können, wenn er nichts zu sagen hat. Schon hat ein Bordercollie einen größeren aktiven Wortschatz als ein Hauptschüler – und einen doppelt so großen wie der Abiturient. Gedanken wollen erst mal in der Hirnprothese entstehen, bevor sie in Worten Ausdruck finden. Da aber der Deutsche, auch und gerade als schulpflichtiges Ferkel, gar nicht sprechen kann, geschweige denn überhaupt will – wieso sollte er richtig schreiben lernen. Das hieße doch, den dritten Schritt vor dem ersten machen. Die ganze Diskussion um die Rechtschreibreform ist rückwärts gewandtes Blendwerk – sie tut so, als ob diesem Volk seine Sprache noch wichtig wäre. Das von Amerikanismen und Doofen-Apostroph verseuchte Gekrickel der Mehrheit ist es gar nicht wert, in der Orthografie Thomas Manns zu erscheinen. Drum bin ich eindeutig für die neue Rechtschreibung, sie ist das Neuschreib der Bekloppten. Wer Niwo mit vier Buchstaben schreibt, hat sich als Schöler eben zu wenig auf die eigenen gesetzt und kann das Wenige, was er zu sagen hat, meinetwegen auch in Keilschrift niederlegen. Als einzige Änderung in der neuen Rechtschreibung schlage ich vor, »Kultusministerkonferenz« ab jetzt ganz klein zu schreiben, so klein, dass man sie für immer unter den Teppich kehren kann.

Auch Zyniker haben ihre Helden
Das ideale Gesamtarschloch

Manchmal verdichtet sich eine Zeit, eine allgemeine Befindlichkeit, in einer Person: das dekadente Rom in Kaiser Nero, das Amerika der 50er-Jahre in McCarthy. Wer ist die Symbolfigur für das pissige Deutschland des neuen Jahrtausends? Schröder, Koch, Bsirske oder wie die ganzen Eintags-Visionäre heißen? Den dreien fehlt bei aller Machtgeilheit und grundsätzlicher Bereitschaft zu Lüge und Korruption ein wesentliches Moment: der überragende Erfolg ihrer Niederträchtigkeit bleibt aus. Was immer sie tun, man vermisst den Willen zum verbrecherischen Gesamtkunstwerk – alles halber Kram aus »gut gemeint« und »schlecht vertuscht«. Auf der Suche nach dem stilbildenden Gesamtarschloch dieser Zeit musste ich irgendwann auf Klaus Esser stoßen. Sicher, die anderen drei aus dem Rattenpack haben wahrscheinlich auch Dreck am Stecken, aber der grinsende Klausi ist ihr König, Zwickel ihr Doofmann. Typisch Gewerkschafter: Jeden Schweine-Deal mitmachen, aber zur unverschämten persönlichen Bereicherung reicht das Format einfach nicht. Esser hingegen hat eine Marke gesetzt: 60 Millionen DM Schmiergeld dafür, dass er einen gutgehenden Konzern mit Mann und Maus an die Konkurrenz versilbert – Chapeau, das hat Gesicht. Und ich verwette meine Krankenzusatzversicherung, dass die Ratte unrasiert aus dem Verfahren hervorgeht. Wo kämen wir denn hin, wenn das deutsche Management sein Vertrauen in die Nichtverfolgung von Wirtschaftsverbrechen verlöre – ein immenser Standortnachteil! Raffzahn Klausi steht exemplarisch für diese ganze Bande aus Kriegsgewinnlern, die sich am Niedergang der Republik nähren. Den tausenden Aktionären, die eben nicht auf die Kraft-durch-Freude-Aktie der Telekom reingefallen sind, sondern bei der Vernichtung heimischer Arbeitsplätze durch internationale Aufkäufer ihren Schnitt gemacht haben. Den Mittelständlern, die eben nicht in Bürokratie-Gewittern gestählt ihren täglichen Überlebenskampf führen, sondern Papas Erbe unter der Sonne verjuxen. Es geht ja gar nicht allen schlecht in diesem Land. Das Grinsen des Klaus Esser, das gestylte Outfit der Brüder Haffa und die Dauerwelle von Ron Sommer sind die Sahnehäubchen auf dem Riesenhaufen Scheiße, in dem wir stecken – und eine der miesesten Metaphern aller Zeiten, aber warum sprachlich verzuckern, was zum Himmel stinkt. Wo bleibt der Aufschrei der Arbeitslosen, Steuerzahler, Krankenkassenzusatzpflichtversicherungszahler? Wo bleibt der Druck auf die Politiker, sich endlich mal der Probleme anzunehmen und nicht wochenlang um den lächerlichen Kündigungsschutz herumzualbern? Wenn Grinse-Klausi in wenigen Wochen wieder in Ruhe sein Schmiergeld verzehren kann, zanken die Berliner wahrscheinlich immer noch über die Erhöhung der Kündigungsschutzgrenze von sechs auf zehn, oder – Kompromiss – auf siebeneinhalb Mitarbeiter. Man könnte das zynisch nennen angesichts viereinhalb Millionen Arbeitsloser – aber zum Zynismus fehlt den Typen das Format, im Gegensatz zu Klaus Esser.

Aschermittwoch
Tag der Befreiung

Die zunehmende Verwesung der Republik findet ihre Parallelentwicklung in der Ausbreitung der Pappennaserei über ganz Deutschland. Waren traditionell nur die Flusstäler von Rhein und Main sowie die Höhenlagen südlich des Weißwurstäquators befallen, so hat die Witzmalaria mittlerweile den kompletten Sumpf durchseucht. Schuld ist das Fernsehen. Seit vierzig Jahren indoktrinieren die Öffis unschuldige GEZ-Sklaven mit der Furzigkeit ihrer Stammesriten. Mächtige Anstalten wie der WDR und das ZDF haben ihre Hauptquartiere in den Zentren der Dumpfbräsigkeit. Tausend Sendestunden abgestandener Fröhlichkeit flimmern jedes Jahr in die Wohnstuben unschuldiger Ostfriesen und Brandenburger. Irgendwann ist deren Kleinhirn auch so weich gekocht, dass sie fern vom Krisenherd ihre eigene Witzetruppe gründen. Hinterm letzten Deich noch stapft eine Jeckenhorde durch den Schlick, und kaum ein schäbiger Gasthof, der nicht seine eigene Prunksitzung hat. Allabendlich trommeln die Ortsgruppenleiter ihre schrillen Untoten zusammen, und dann gehts Tätä, tätä ins nächste Altersheim zum Jeckenball. Vor Jahren konnte man sich noch mokieren über die Idioten in Mainz und Köln. Schadenfroh hockte man am Rosenmontag vor dem Fernseher und wähnte sich im Reich der Glückseligen. Heute schmeißen die eigenen Nachbarn Kamelle durch die Gegend, im Kindergarten ist Eltern-Fastnacht, und selbst der Pfarrer steigt mit roter Nase in die Bütt. Der niedersten Form menschlicher Geselligkeit entrinnt niemand mehr. Es gibt keine Bannmeilen, keine Großhirn-Reservate, kein Weltkulturerbe-Witz, über den man auch lachen kann. Die Emanzipation des Scherzes vom Humor hat ganz Deutschland erfasst. Die Hure Politik trägt das Ihre dazu bei, um die unterirdische Dämlichkeit des Karnevals weiterhin gesellschaftsfähig zu halten. In jedem Bekloppten-Meeting grinsen die politischen Klappstühle aus der ersten Reihe, und noch jeder Partei-Heini hat sich ohne Widerspruch den Schlips abschneiden lassen. Wieso eigentlich? Warum erprobt der Personenschutz da nicht mal den finalen Rettungsschuss? Wo ist man noch sicher vor dem Imperialismus der Witzewehrmacht? Muss man an den tollen Tagen bald Urlaub machen in Nordkorea oder gibts in Deutschland noch Inseln der Aufrichtigen? Heute jedenfalls feiern wir den Tag der Befreiung, der Spuk ist vorüber, wir haben keinen Kater, sind ausgeschlafen und topfit. Vielleicht sollten wir die Gelegenheit nutzen und ein paar abgeschlaffte Jecken übers Ohr hauen, ausrauben oder die Frau ausspannen. Denn Aschermittwoch ist unser Tag.

Heimatgefühle auf Darm gezogen
Deutsche Würste

Der Nationalstolz an sich ist ja schon verdächtig, weil ihn Holländer und Griechen auch haben. Richtiggehend bescheuert wird er dort, wo er sich auf Nahrungsmittel und deren Einzigartigkeit beruft. So genannte Nationalgerichte sind zumeist der allerletzte Schweinefraß oder einfach nur belanglos. Was unterscheidet den so oft besungenen American Apple Pie vom einfachen deutschen Apfelkuchen? Zu süß, zu matschig, kurz: Er schmeckt scheiße! Lebensmittel-Patriotismus ist peinlich. Deutschland insgesamt bildet sich ja etwas ein auf seine Wurst, jeder Landstrich noch mal auf die ihm eigene. Die Thüringer Rostbratwurst etwa – nur original, wenn auch original dransteht – ist ein ekliger Riemen mit ganzen Fettplocken drin. Nürnberger Würste liegen wie ein frisch verkohlter Wurf junger Ratten in einem Nest aus Sauerkohl – wer isst so was eigentlich? Noch widerlicher ist die Bayrische Weißwurscht. Was zum Teufel liegt denn da, fragt sich der unbedarfte Nordeuropäer, wenn er ihrer zum ersten Mal ansichtig wird: Ein bleicher Katzenfötus, ungeboren aus der überfahrenen Mama gekratzt. Ekelerregend! Um das Maß voll zu machen, werden die hellgrauen Föten auch noch vormittags beim Bier gehäutet und dann verzehrt. Uaaahhhh! Dort wo die Currywurst zu Hause ist, weiß man um die kotige Anmutung der Bratwurst, zerschneidet sie und bedeckt die Stücke dezent mit Tomatenpampe. Besonders stolz – wie sollte es auch anders sein – ist der Berliner auf seine Version, ja, er hält sie gar für die einzig originale Currywurst. Das sollte einem schon verdächtig vorkommen; und richtig, sie schmeckt noch mal 'ne Spur beschissener als der Standardpimmel aus der Heißen-Hexe-Forschung – ja, sie ist im eigentlichen Sinne gar keine Wurst, da ohne Darm, sondern eine wie Stuhl geformte Bulette. Auch der Frankfurter kennt sein eigenes Würstchen, ist aber so schlau, es selber gar nicht zu fressen. In der Mainmetropole heißen die nämlichen rosanen Heiß-Peniden Wiener Würstchen. Da wären wir auch schon fast am Ende unserer Reise durchs deutsche Wurstiland, noch zu erwähnen bleibt die Oldenburger Pinkelwurst, die sich dankenswerterweise im Namen schon selbst diskreditiert. Deutschland, deine Würste sind wie du: überschätzt, zu fettig und eklig anzuschauen. Und der deutscheste aller deutschen Namen ist Hans Wurst.

Vollkommenheit um uns herum:

Wahre Größe zeigt sich dort, wo ein niedrer Dienst in stiller Einfalt verrichtet wird. Der Aschenbecher kennt keine 38-Stunden-Woche, keinen Urlaub und keinen Manteltarifvertrag, und dennoch ist er ein Lichtblick in der deutschen Dienstleistungswüste. Der Aschenbecher ist die Mutter Theresa unter den Haushaltsgefäßen, er hat sein ganzes Leben den Ausgestoßenen unserer Gesellschaft gewidmet, den Rauchern.
Kippe und Stummel glimmen übel riechend in seinem Schoß während die eitlen Becherbrüder Wein und Likör kredenzen dürfen. Oft denkt der Kleine dann an sein Lieblingsmärchen vom Aschenputtel und träumt von einem schönen Prinzen, der daherkommt und ihn einfach mitgehen lässt. Hui, was sie dann neidisch schauen werden, die anderen Becher.

Der Aschenbecher

Sex in der Öffentlichkeit
Pollenflug

Die Natur ist ein widerliches Stück Schöpfung, schon daran erkennbar, dass sie von solch merkwürdigen Wesen wie Claudia Roth verteidigt wird. Im Frühjahr, wenn endlich die siebenmonatige Nieselphase beendet ist und jeder nach ein bisschen Sonne und Frohsinn lechzt, was macht da unsere außerhäusige Freundin: Sie bläst tonnenweise Pflanzensperma in die Luft, dass einem der Atem stockt und jedem zweiten Bundesbürger der Schnodder aus dem Zinken läuft. Muss das jetzt wirklich sein, kann das Scheißgestrüpp seine bekloppte Fortpflanzung nicht in den November verlegen, wenn man sowieso die ganze Zeit drinnen ist? Überhaupt ist es schon eine Unverschämtheit, Millionen Unbeteiligten seine kalten Bauern auf die Schleimhäute zu rotzen. Wenn das jeder machen würde wie Herr Birke oder Herr Linde: Man stünde auf des Morgens, öffnete die Tür und stände – igittigitt – knietief in Keilersperma, weil das Schwarzwild gerade seine Rauschzeit feiert. So geht das einfach nicht: wild in die Gegend ejakulieren und hoffen, dass ein paar Spermien an Passantinnen hängen bleiben. Auch in der Pflanzenwelt gibt es ja kultiviertere Arten der Fortpflanzung, die sogar der menschlichen überlegen sind. Richtig, ich spreche von der Biene und ihren Liebesdiensten. Ohne Genitalkontakt, ohne Sperma-Schweinerei in der Öffentlichkeit gelingt es den Blümelein, männliche und weibliche Zelle zueinander zu führen. Mit der fremden Pollenfracht an Bord brummt die Imme zum Blütenkelch und lädt sie brav dort ab. Ach wie schön könnte doch auch das menschliche Sexualleben sein, wenn man bloß die Kerbtiere aus der Sackbehaarung schütteln müsste und sie flögen in alle Welt, um dort die schärfsten Blüten zu bestäuben. Doch wir Menschen sind doppelt geschlagen von der Natur: Einerseits müssen wir es uns noch selber machen, ohne Insektenhilfe, und andererseits, wenn uns schon mal danach ist im Frühling, pusten andere ihre Spermienpollen derart unverschämt in der Gegend herum, dass den Schleimhäuten der Spaß ohnehin vergangen ist.

Arschgeburt der Medienwelt
Der Promi

Wenn der B-Promi den C-Promi beim Kacken anmoderiert, nennt man das im Land der Bekloppten Riälleti. Manchmal sitzen aber auch sieben F-Promis wie die Hühner auf der Leiter und lesen Witze aus dem Abfalleimer vor, das nennt sich dann Pännel. Alle Buchstaben-Promis außer die mit A vorne machen jeden, aber auch wirklich jeden Scheiß mit. Ein A-Promi ist auch gar kein Promi, sondern ein Star – logisch, dass es so was in einem Land, das die Mittelschule und den SPD-Ortsverein erfunden hat, nicht geben kann. Hier gibts nur den Promi, ein Wort, das nicht nur so klingt wie ein Analpfropfen, sondern auch sonst viel mit ihm gemeinsam hat: Der Promi lebt im Mastdarm der Mediengesellschaft, dort wo die Scheiße noch nahrhaft, aber schon richtige, echte Scheiße ist. Sie nennt sich in dieser Konsistenz »Echo-Verleihung«, Deutscher Fernsehpreis oder Comedy Äwort. Da weidet sich die Analzecke am Büfett und grinst Leute mit Fotoapparaten an. Noch viel lieber befällt die Bande aber Sendeplätze im Fernsehen, hier trifft sie sich genau wie bei ihren Iewentz mit den anderen Kanaillen und straft die Menschwerdung des Affen Hohn. Da plappert der Promi mit seinesgleichen über Promiprobleme: Wer mit wem welchen Dreck für die Glotze produziert. Hihihii, sagt dann der andere Promi, und beide freuen sich eine zweite Synapse ins Hirn. Und weil er überall immer denselben Mist veranstaltet, kann er Fernsehen und Kein-Fernsehen nicht mehr voneinander unterscheiden. Darüber wird er noch bekloppter, als er sowieso schon ist. Irgendwann schlägt aber auch sein letztes Stündchen, dann kann ihn kein Produzent, kein Zuschauer, kein Kameramann mehr sehen, ohne sofort den Kantinenfraß in die Deko zu speien. Dann fliegt Klein-B-Promi auf die Halde zu den C-Promis. Hier verwest er einige Jahre vor sich hin, bis die Räude seinen Schädel von innen zerfressen hat. Ist er lange genug in der Fäulnis gereift und hat sein Manager den Fernsehfritzen mindestens ein Ohr abgenagt, wird er erlöst. Er darf vor laufender Kamera auf die Alm scheißen. Erstrebenswerter kann man sich ein Leben kaum noch vorstellen.

Endlich Ruhe im Hänger, der hier würde nicht mehr dauernd rausspringen.

Verpissen gilt nicht
Meldung machen

Der Überwachungsstaat ist längst freiwillige Realität gerade der Leute, die sich entrüstet gegen ihn auflehnen. Ihr Privatleben wirkt, als seien sie auf Bewährung frei, denn dauernd müssen sie sich irgendwo melden: »Ach verdammt, ich muss mich unbedingt bei Steffi melden.« Besonders Frauen haben einen Zirkel Freundinnen um sich versammelt, der in ständigem Telefonaustausch miteinander steht. Meldet sich eine von ihnen drei Tage lang nicht bei keiner anderen zur fernmündlichen Tratschorgie, startet sofort die Telefonkette: »Sag mal, hat sich Kerstin bei dir auch nicht gemeldet?« Unvorstellbar, dass es etwas Wichtigeres geben könnte, als die Zickencombo zu kontaktieren. Doch oft liegt sie bleischwer auf den Opfern, die Verpflichtung, Meldung zu machen bei irgendeiner Gabi, Babsi oder Steffi: »Eigentlich müsste ich mich bei Jutta melden, aber dann häng ich wieder zwei Stunden am Telefon, und ich hab noch nix gegessen diese Woche.« Schöner Mist, wenn man auf Bewährung raus ist in diesem Leben und die Schlampenmafia einen nicht aus den Augen lässt. Ich kenn keinen Mann, der sich regelmäßig bei seinen Freunden meldet. Wozu auch? Selbst wenn man sich zwanzig Jahre lang nicht gesehen hat, kann man nahtlos an das Vergangene anknüpfen, denn im Leben eines Mannes passiert nichts, was er anderen mitteilen müsste. Männer leben wie Bäume im Wald, sie stehen achtzig Jahre nebeneinander und kommen sich keinen Schritt näher. Frauen sind die Tiere des Waldes, sie rasen dauernd schnüffelnd umher und begrenzen ihr Revier – vorzugsweise per Telefon. Wenn Männer sich irgendwo melden, dann nur bei ihren Frauen. Es ist die moderne Unsitte der ständigen Positionsüberprüfung per Handy: »Wo bist du gerade, was tust du gerade, wann kommst du zurück?« Das männliche Grundbedürfnis des zeitweiligen Abtauchens wird durch die drahtlose Telefonie immer schwerer zu realisieren. Sind erst alle Handys durch GPS auch für den Laien draußen in der Wildbahn zu orten, bricht für Männer die Hölle los – für Frauen das Paradies.

Kulturverlust Werbepause
Festplattenrekorder

Der Mensch will in Ruhe glotzen, der Sender allerdings Reklamezeit verhökern. Nun ist der Kampf in eine neue Runde gegangen. Endlich preiswert und funktionssicher kann man seinen Fernsehstoff auf Halde bunkern und gleich en passant den Werbemüll zwischendrin eliminieren. Da freut sich der Konsument, und der TV-Scherge ärgert sich – für kurze Zeit. Denn sobald jeder Glotzer seinen Werbe-Terminator brav gekauft hat, schlägt das Imperium zurück: Reklame-Laufschrift, Splitscreen, Product placement oder gleich ganze Filme und Sendungen, die von nichts anderem handeln als unverhohlener Warenanpreisung. Der vermeintliche, technische Triumph über den Werbeterror kann sich schon sehr bald als Pyrrhussieg erweisen: Danach wird alles noch viel schlimmer. Genießen wir die Gegenwart, in der man Werbung überhaupt noch als solche wahrnehmen kann, wo sie schön primitiv mit dem Holzhammer in die Filme geknallt wird und man seelenruhig die gelenzten Biere wieder freilassen kann. Ist doch toll, in der Glotze läuft Reklame, und keiner guckt hin. Das längst totgeglaubte Gespräch zwischen abgehangenen Ehegatten flammt für drei Minuten wieder auf, der Müll wird ohne Murren in den Hof gebracht. Werbeunterbrechungen sind eine soziale Errungenschaft und verhindern erfolgreich, dass man Fernsehen wirklich ernst nimmt. Nicht auszudenken, das komplette Programm wäre wirklich sehenswert und spannend: Kein Familienmitglied könnte damit konkurrieren. Jeder säße nur noch vor seiner aufmunitionierten Festplatte und zöge sich den unverschnittenen Stoff in die Rübe. Der Sucht wäre nicht mehr beizukommen. Gerade weil das Fernsehprogramm zu 90% aus aberwitzigem Dreck besteht, der jeden halbwegs zivilisierten Menschen beleidigt, haben wir überhaupt noch Zeit zum Leben. Ich schaffe es schon kaum, die 10% wirklich guten und interessanten Sendungen zu sehen, und freue mich heimlich, wenn ich eine verpasst habe. Bald gibt es dafür keine Entschuldigung mehr, wenn erst der Festplattenrekorder wie ein stummer Vorwurf im Wohnzimmer lauert: »He, du Kulturbolschewist«, will er mir sagen, »ich habe für dich Lessings Nathan der Weise in der Inszenierung des Stadttheaters Braunschweig auf 3sat aufgezeichnet – jetz guck dir die Scheiße auch gefälligst an.«

Sie lauern dir auf
Leute aus dem Nichts

Du stehst in der Fußgängerzone einer beliebigen Stadt und starrst verzaubert in die Auslagen eines Schweinkram-Einzelhändlers, plötzlich dringt eine Schallwelle an dein verschlossen geglaubtes Ohr: »Hallo, du hier, lange nicht gesehen!« Das Elend der Städte: Aus dem Nichts heraus treten urplötzlich fremde Menschen in dein Leben und sondern unwichtige Textfragmente ab. Von wegen: die Stadt als anonymer Lebensraum. Ständig muss man auf unerwünschte Begegnungen gefasst sein, die Hölle für ein Augentier aus der weiten Savanne. Wenn unsere Ahnen durch die Serengeti streiften, hatten sie mehrere Quadratkilometer gleichzeitig im Blickfeld. Nicht mal der Ostfriese kann sich dessen heutzutage rühmen. Die Weite des Blicks und damit die Vorhersehbarkeit der Ereignisse schrumpfte auf Meter- und Sekundenweite. Hinter jeder Straßenecke, in jedem Geschäftseingang kann heute jemand lauern, dem man noch Geld schuldet, dem man auf keinen Fall begegnen möchte. Und wenn es nur die blöde Fresse ist, die man zwar irgendwoher kennt, an deren Namen man sich aber nicht mehr erinnert. Sie alle machen den Bummel in verdichteter Bebauung zur Vorstufe des Herzinfarkts. »Du hier bei Deichmann, doch wohl nicht etwa Schuhe kaufen?«, belfert ein Rotgesicht in die stille Andacht des erfolgten Konsumrausches. Gerade kann man noch die Einkaufstüte mit der verräterischen Aufschrift hinterm Pantolettenständer verstecken, da wird schon das nächste Thema angeblasen: »Sag jetzt ja nich, dass du auch nicht kommst zur Vorbereitungsgruppe für das Straßenfest.« Langsam reift in einem zumindest eine Ahnung davon, wer diese blöde Wachtel überhaupt ist: das Geschoss drei Häuser weiter mit den ätzenden Gören. Natürlich wird man nicht zum Straßenfest kommen, und schon gar nicht zu dessen Vorbereitung. 120% aller Gedanken kreisen jetzt nur um ein Thema: Wie entkomm ich der Kommunikationshaft der Wachtel?

Städte sind grausam für Savannenbewohner, hinter jedem Busch kann eine Gefahr lauern, und wir können nichts tun, um sie von uns fern zu halten, außer: einen SPD-Luftballons verteilen, deutliche Spuren von Lepra zeigen oder eine Obdachlosenzeitung hochhalten – dann machen alle einen großen Bogen.

Southern Mobbing ...
Eastern Stalking und Nordic Walking

Seitdem der Homo erectus die Premiumklasse der Primaten vertritt, gehört der aufrechte Gang zur Basis-Ausstattung des Menschen. Rumgelatscht wird seither nur noch auf den Hinterpfoten, damit man sich beim Gehen zeitgleich das Geschröte oder die Kimme kraulen kann – auch heute noch eine viel gesehene Beschäftigung dahinschreitender Männchen. Weil das aber Ibähhh ist, wenn die Pfote dauernd durch die Furche fährt oder am Pimmel rumgrabbelt, erfanden besorgte Sittenwächter das Nordic Walking. Da hält man beim Gehen völlig bekloppterweise zwei Schistöcker in den Händen – aber, und das ist der Witz: Der unbewusste Klötengriff wird vereitelt. Das wäre also geklärt, aber was treibt hauptsächlich transklimakterische Primatenweibchen zum Nordic Walking, denn gerade jene sinds, die man mit den bunten Stöckern rumstelzen sieht. Wozu? Das Weib kratzt nicht am Anus rum und muss mangels Pillermann auch nicht dessen Schieflage dauernd durch Zugriff korrigieren. Man könnte also Frauen durchaus ohne Stöcker frei in der Öffentlichkeit rumlaufen lassen, keiner würde sich belästigt fühlen. Wenn also die weiblichen Ü50 mit Knüppeln durch den Stadtpark strolchen, dann in der irrigen Annahme, sich dadurch fit und – jetzt kommts noch härter – »attraktiv« zu halten. Was bitte schön ist an einer Frau, die sich an zwei Krücken durchs Gebüsch bewegt, attraktiv? Müssen Männer komplett umdenken? Gilt demnächst der Rollator als hippes Sportgerät, mit dem sich Madame vorteilhaft in Szene setzt? Gerade hatten wir das Jogging zu akzeptieren gelernt. Warum nicht, sagten wir uns, warum sollen Menschen nicht stinkend wie die Paviane durch Innenstädte röcheln – immerhin kacken sie nicht aufs Trottoir. Jetzt also wird man sich an Trockenschi in den Städten gewöhnen müssen und darf noch froh sein, dass die Bande dabei nicht laut grölend Jagertee in sich reinschüttet oder anderen alpinen Folklorerituale frönt. So viel steht wohl fest: Das Schamgefühl befindet sich im Sturzflug, jeder gebärdet sich im öffentlichen Raum, wie es ihm gefällt. Da war mir der vertraute alte Griff in den Schritt doch noch lieber.

Heldengedenktag des toten Mannes
Erster Mai

Ostern, Pfingsten, Weihnachten: ach du heilige Scheiße, was für ein Horror. Die schönsten Feste können einem verhagelt werden, wenn man sie mit der Familie verbringen muss. Da ist der Tag der Arbeit von anderer Gestalt. Der Autonome wirft die Scheibe ein, der Metaller freut sich auf das Vormittagspils und die Currywurst – und alles ohne Mama und die Bälger im Gefolge. Mal richtig die Sau rauslassen, durch die Grünanlagen grölen und Kotzen, wo es einem grad gefällt. Wer möchte das nicht. Im Gegensatz zum dämlichen Karneval kann man das am 1. Mai bei angenehmer Außentemperatur vollziehen, und anders als beim Fußball kann man gleich mit Saufen und Grölen anfangen, ohne sich das langweilige Gekicke anzuglotzen. Alles in allem eine prima Sache, dieser 1. Mai. Die Folklore-Veranstaltungen des DGB stören auch genauso wenig, wie der Pfaffenzauber die Weihnachtssauferei gefährdet, nur von einer Seite wird der schöne 1. Mai bedrängt: von der Familie, diesem alles zerstörenden Elend anarchischer Lebensfreude. Statt sich mit den Kumpels am IG-Metaller-Stand die Hutze voll zu kippen, wie's früher üblich war, soll Papa nun mit dem Rochen und der Brut ins Pupsiland einrücken. Einen »schönen Familienausflug« nennt man diese Form der Freizeitenteignung von weiblicher Seite. Schon den Vatertag hat man den Männern geraubt. Auch da sieht man statt herrlich zugesoffenen Wildschweinrotten immer mehr Ehepaare mit lila Fahrrädern durch die Feldmark bummeln. Den Tag haben wir schon verloren an den Unisexterror der Moderne. Doch lasst uns wenigstens den 1. Mai als letzten Feiertag männlicher Ausschweifung: auf 'm Marktplatz stehen, DGB-Gelaber anhören und sich gepflegt einen ansaufen – was kann es Sinnloseres und gerade deshalb so Entspanntes geben?

Was andere über uns denken
Junge Engländer

Der junge Engländer, weder von Gestalt noch Benehmen eine Zierde der Menschheit, erdreistete sich jüngst, eine Meinung zu entwickeln. Wieder mal ging es um Dinge, die seinen geistigen Horizont bei weitem überschreiten, nämlich um die Deutschen an sich. Es sei ihm verziehen, dass er die deutsche Sprache in ihrer Bedeutung nicht mal erahnt, dummerweise spricht er auch seine eigene nicht. Aus der jüngsten Geschichte weiß er nur so viel, wie ihm das tägliche Revolverblatt an Häppchen zumuten mag. Kurz gesagt: Er ist ein Idiot. So verwundert es nicht, dass 34 % dieser Andersbegabten die Deutschen für Nazis halten. Dabei sind es englische Fußballstadien, in denen der Pöbel von den Rängen singt »Vergast die Juden, schiebt sie in den Ofen«. Und da gibt es keinen Ordnungsdienst, der diesem Abschaum mal das Resthirn weich prügelt. Aber das ist ja alles nichts Neues. Vor Kurzem verstieg sich der Jungbrite allerdings zu einer Aussage, die die gewohnte Dummheit noch mal bestätigte. 42 % der nachvegetierenden Generation im Inselreich lehnen

Deutschland ab wegen des schlechten Essens. Da muss man doch mal kurz auflachen. Ein Land, das sich von Hundekotze mit Fritten ernährt, sollte zu allen Küchen dieser Welt grundsätzlich eine tiefe Demutshaltung einnehmen. Nun ist die deutsche Speise wahrlich nicht der raffiniertesten eine, im Vergleich zum Inselfraß dennoch reinstes Manna. Von diesen Primitivlingen in Sachen kultivierter Nahrungsaufnahme also beurteilt zu werden, wiegt genauso schwer wie Berlusconis dummes Gewäsch. Wo ist jetzt der deutsche Politiker, der seinen England-Urlaub absagt? Ja, den gibts nicht, denn da fährt sowieso keiner hin, um sich nicht den Magen zu verkorksen. Und vier Euro für den Pint Schalbier sind auch etwas happig, um den fauligen Geschmack wieder aus dem Rachen zu spülen. Da bleiben wir doch lieber zu Hause, reißen 'ne Dose Katzenfutter auf, singen »Rule Britannia« und fühlen uns ganz wie in Great Britain.

Staatsreligion der Doofen
Patriotismus

Jetzt soll man also wieder sein Land lieben und stolz darauf sein. Warum nicht, es gibt wesentlich schlimmere und weitaus unbedeutendere Länder, deren Bewohner geradezu ausflippen, wenn sie die Flagge ihrer korrupten Pissrepublik küssen dürfen. Patriotismus ist eine weltweite Seuche in Ermangelung anderer Leistungen. Das auserwählte Volk, das heilige Land, das unveräußerbare Recht auf irgendein Stück

Wüste – das sind die Begriffe der Verlierer, denen der Weltgeist in die Geschichtsbücher geschissen hat. Was nicht heißen soll, dass die Gewinner von diesem Wahn verschont bleiben. Gerade der Amerikaner ist ja rattenstolz auf sich selber – keiner weiß im Grunde warum. Patriotismus ist der Glanz in den Augen der Wahnsinnigen, die sonst nichts haben in ihrem Kriecherdasein. Blöderweise ist seine komplette Abwesenheit genauso bescheuert. Diese scheinheilige Selbstgefälligkeit im Antipatriotismus, dieser Selbsthass auf sein nun mal nicht zu änderndes Dasein als Deutscher – das ist die widerlichste und typisch deutsche Form des Nationalstolzes. Und jetzt, da Schröder, Merkel und andere politische Knallchargen aus durchsichtigen Gründen wieder den Fahneneid abverlangen, da kriecht das selbst ernannte Nationalgewissen wieder aus seiner inneren Rotweinimmigration und pisst an die Fahnenstange. Wozu diese künstliche Aufregung, das bisschen Nationalfolklore haut die Demokratie nicht aus den Sandalen. Schlimmer ist doch, sich anhören zu müssen, wie ausgerechnet jene nach Vaterlandsliebe rufen, die dieses Land sehenden Auges in den Sarg schieben. Die Rekordschuldenmacher und Landesverräter wollen, dass wir dabei das Deutschlandlied singen, wenn der Dampfer Bundesrepublik in den Fluten verschwindet. Der Zynismus geht mir dann doch zu weit. Lieber pfeif ich »Hänschen-Klein« aus dem letzten Loch, das ist dann auch Patriotismus genug.

Vollkommenheit um uns herum:

Da ruht sie nun wie selbstverständlich in der Wand, die Doppelsteckdose, und wartet auf ihren Freier. Doch die Wahrscheinlichkeit, dass ein Doppelstecker des Wegs dahermarschiert, einer wie sie, dessen beiden Stecker im selben Abstand sind wie ihre Dosen, oh nein, dieser wundersame Zufall wird wohl nie geschehen.
So wird sie ihr ganzes Doppelsteckdosenleben damit verbringen müssen, jeweils zwei Galane an ihren Elektrobrüsten zu nähren. Den Rasierer, diesen vorlauten Strolch etwa, und seinen pöbelnden Freund, den Föhn. Ihre Liebe reicht für zwei, doch wie gerne würd' sie sich nur dem einen schenken, dem einen, der nie kommen wird.
Arme Doppelsteckdose, eingemauert in der Wand, bist von der verschwenderischen Natur so reichhaltig ausgestattet, und doch nützt es dir nichts.

Die Doppelsteckdose

Stammesrituale der Gegenwart
Junggesellenabschied

Morgens um halb zehn an einem städtischen Ententeich. Ein Gesprächskreis junger Erwachsener grölt angeregt vor sich hin. Alle haben eine Bierdose in der Hand, jemand bedient zusätzlich eine Videokamera. Gerichtet wird sie auf einen Jungtrinker, der nur mit einer schlicht gestylten Unterhose und einem dazu nicht passenden Büstenhalter bekleidet ist. Selbiger wird plötzlich von den anderen in den versifften Tümpel geschmissen und taucht prustend aus der Entengrütze wieder auf. Was haben wir denn hier? Eine Coming-out-Party des schwulen Anglervereins von 1870? Nein, es handelt sich um eines der neuzeitlichen Stammesrituale der heterosexuellen Minderheit. In diesem Falle um den Junggesellenabschied. Dabei muss sich der Heiratswillige im direkten Vorfeld der Eheschließung von seinen Kumpels foltern lassen und dabei noch grinsen. Angestrebt wird natürlich auch eine handfeste Alkoholvergiftung. Mit der schwindenden Bedeutung traditioneller Initiationsriten wie Vorhaut-Amputation, Konfirmation oder Volljährigkeit sucht sich das lustige Volk neue Schweinereien für die Sinnlücke. Ein Klassiker geworden ist schon das »Rathaustreppe-Fegen« unverheirateter Dreißigjähriger. Weibliches Gegenstück ist das Klinkeputzen am kommunalen Verwaltungssitz. Hier soll die Schmach des Übriggebliebenen einer breiten Öffentlichkeit präsentiert werden. Erlöst wird man nur durch den Kuss einer Jungfrau resp. eines Onanisten. Der Deutsche sieht den Mitmenschen gern im nämlichen Elend versinken wie sich selbst, deshalb pocht er auf strikte Ableistung der Wehrpflicht an der Geschlechterfront. Wehe dem, der sich drücken will, ihm droht der Pranger. Gleichfalls öffentlich gemacht wird das Verweigern des Gebärdienstes. Nach vier Jahren kinderloser Ehe feiern die Nachbarn die »Ochsenhochzeit« der unfruchtbaren Volksschädlinge. Damit jeder Passant auch bemerkt, dass hier ein Kapaun und seine Antilegehenne wohnen, werden haufenweise Unfruchtbarkeitssymbole im Vorgarten aufgehängt: Zigarettenschachteln und tausend leere Fläschchen Kleiner Feigling. Man ahnt, welchen Spaß allein die Vorbereitung gemacht haben muss. Die nächste Kerbe im Lebenslauf des Schreckens ist der vierzigste Geburtstag. Auch da hat sich Volkes Spaßfront wieder etwas Schweinelustiges einfallen lassen. T-Shirts mit Ulkversen im Büro übergestreift sind sehr beliebt: »Ich bin 40, wer hilft mir über die Straße.« Da müssen sich doch alle spontan ausschütten vor Lachen. Mit vorgerücktem Alter des Kandidaten gerät der Brachialhumor etwas ins Hintertreffen und weicht subtileren Formen der Fertigmache. Zum 50. ist es usus, dem Delinquenten eine Bierzeitung mit den wichtigsten Stationen seines Lebens zu überreichen. Es bedarf im Grunde keiner Erwähnung, dass unser Geburtstagskind auf 90 % der abgedruckten Fotos entweder vollbreit einem ekelerregenden Andersgeschlechtlichen durchs Gesicht leckt oder zumindest in vollgekotzter Unterhose dasteht. Hamwer gelacht! Hintergründige Schadenfreude gewinnt das Ritual dadurch, dass einem schon mit 50 die Quintessenz des Lebens präsentiert wird. Als kämen danach nur noch Siechtum und Inkontinenz. Ja, so hat das Volk viel Freude am schwindenden Dasein des Nächsten. Allein am offenen Grab wird noch nicht gegrölt, und auch der Leichnam liegt noch voll bekleidet – und – sofern männlich – ohne BH im Sarg. Pardautz, wieso das? Ja, wenn sich das Festtagskind nicht mehr ärgern kann, ist es eben nur der halbe Spaß.

Spitzenforschung am Verschluss
Frauen und Tüten

Die ungebremste Innovationskraft der deutschen Industrie zeigt sich auf zwei Feldern: dem Verschließen von Milchtüten und von Frauen während der Regelblutung. Keine Woche vergeht, in der nicht ein neues Produkt für das weibliche Unternrum in der Werbung erscheint: Rechtsdrehend gezwirbelte Tampons oder Slimline-Binden mit Carefresh-Pearls. Ständig gibt es neue Lösungen für Probleme, die bis dahin unbekannt waren oder längst gelöst schienen. Anders als die Politik strotzt die Frauenhygieneforschung nur so vor Schaffenskraft und tollen Ideen. Man möchte sich fast zum Weibe umoperieren lassen, wenn man all die Zubehör- und Tuningteile sieht. Mit etwas Glück wird Deutschland zum weltweiten Tampon-Standort Nummer eins und ist damit für den globalen Wettbewerb gerüstet. Der andere Schwerpunkt teutonischer Hochtechnologie ist noch nicht ganz so ausgereift. Nachdem Transrapid und Lkw-Maut eine Spur zu kompliziert waren für den PISA-Trottel und seinen Papa, wendete sich der deutsche Tüftlergeist den Verschlüssen von Milchtüten zu. Da lässt sich auf vielfältige Weise heut der Nippel aus der Lasche ziehen, die Kappe an der Sollbruchnaht wegzippen oder ganz altbacken eine perforierte Ecke wegreißen. Wie immer mans macht, entweder spritzt einem die Milch in die Fresse oder die Lasche reißt an ungeplanter Stelle. Kann ja auch nicht anders. Da man mit 150 Newtonmeter an dem Nippel reißen muss, damit überhaupt was passiert, steht das ganze Gebilde dermaßen unter Spannung, dass nur eine winzige Materialungenauigkeit zur Katastrophe führt: Die Milch pladdert ungebremst in die Welt hinein. Ähnliche Probleme sind bekannt aus der Vakuumverpackung gemahlenen Kaffees. Mit der Schere eine Ecke aufgeschnitten, mit der anderen Hand zu fest zugegriffen: Staubexplosion! Myriaden mikroskopischer Kaffeeteilchen verteilen sich in der gesamten Wohnung und verbleiben da bis in alle Ewigkeit. Was nützen mir sichere Atomkraftwerke, wenn mir einmal die Woche Milch und Kaffee um die Ohren fliegen. Sind die Deutschen wirklich zu bekloppt, um sichere Tüten herzustellen? Wenn ja, beantrage ich sofort den mittelfristigen Ausstieg aus der Verpackungstechnologie.

Vollkommenheit um uns herum:

Sprossen, wie der Japaner sie kennt: Unaufgeräumt und wenig belastbar, liegen sie feige in der Plastiktüte herum. Sie scheuen den direkten Kontakt mit der Außenluft, weil ihr Leben nicht von Dauer ist. Wie alle Produkte Nippons sind sie vom Hauch der Vergänglichkeit gezeichnet. Ähnlich wie beim Videorekorder oder der Digitalkamera liegt das Wesen der japanischen Sprosse im Vorübergehenden.

Ganz anders dagegen die deutsche Sprosse. Unerschütterlich nimmt sie den ihr vorgezeichneten Platz in der Geschichte ein. Fest und gradlinig, untereinander jedoch auf Distanz bedacht, stecken die deutschen Sprossen in den Wangen der Leiter. Auf ihnen kann man getrost bis zum Himmel hinaufklettern. Keine wird sich jemals krümmen wie ihre Brüder aus dem fernen Nippon. Sie ist der Karriere Unterpfand, dient dem Niedersten noch genauso wie dem reichen Mann.

Deutsche Sprossen

Deutsche Inseln
Sylt

Nirgendwo zeigt sich der deutsche Versuch, mondäne Lebensart zu simulieren, so verzweifelt wie auf Sylt. Ein bröckelnder Sandrücken in der Nordsee macht einen auf Karibik. Wo man bestenfalls ein paar Heime für Bronchialerkrankungen vermutet, tummelt sich die Porsche-Society. Hier trifft man sich an einem Fisch-Imbiss oder promeniert mit dem Cabrio durch den Nieselregen. Ganz Harte packen sich nackig an den blanken Hans, bis vor Kälte der Wurm auf Zigarettenkippengröße zusammengeschnurrt ist. Was will man hier eigentlich? Keine Ahnung, aber die andern sind auch alle da an Pfingsten. Außerdem hat Sybille einen neuen BMW Z5 gekriegt für diese Saison und braucht 'nen frischen Inselumriss-Aufkleber für den Kofferraum. Die schönsten gibts in dem schnuckeligen reetgedeckten Kiosk in Kampen – oder nehmen wir diesmal die Sylt-Schrift in Kuhform? So kann man allein drei Tage mit dem Aufkleberkauf zubringen. Und so kalt wie dieses Jahr war es an Pfingsten doch sonst nicht, ich glaub, ich kauf mir erst mal zehn gelbe Kaschmirpullover: wieder zwei Tage weg. Wenn es dann noch einen Tag so stark regnet, dass die Fußmatten im Boxster faulen, dann darf man auch schon mal früher nach Hause fahren. Die Unentwegten löffeln aber weiter ihre Fischsuppe draußen am Reetdach-Imbiss und erzählen sich, wer alles hier ist.

Erklären lässt sich das ganze Phänomen Sylt nur aus der parallelen Existenz des anderen Phänomens Hamburg. Als selbstempfundene Weltstadt braucht man natürlich eine standesgemäße Sommerfrische. Da siehts rund um Hamburg reichlich finster aus: Egal in welche Richtung man auch blickt, piefiges Normo-Deutschtum ohne Pfiff. Da bot Sylt zumindest maritimes Ambiente und so wenig Ureinwohner, dass man sie auf reetgedeckten Dekoneger trimmen konnte. Arschkalt wars zwar noch immer auf der Riesenhallig, aber wer in Hamburg lebt, der ist nicht verwöhnt. So gehört zum Sylt-Fan auch immer ein gehöriges Maß an Wetter-Trotzigkeit. Den Spruch von der falschen Kleidung, die es angeblich nur gibt, hört man hier hundertmal am Tag wie ein Mantra gesprochen. Insgeheim hofft allerdings der regelmäßige Sylt-Urlauber, dass endlich die See sich dieser Wanderdüne mit Cabriobesatz annehmen möge. Und dann: Mit reinem Gewissen richtig Urlaub machen ohne Rheuma-Schübe, das wäre was.

Deutscher Sommer
Des Frühlings bitterer Nachgeschmack

Gemäß dem insgesamten Stimmungsbild im Land der Muffegänger hat der Deutsche neuerdings auch Angst vorm Sommer – von wegen Frühlingsgefühle, überall ein Wachsen und Tirilieren. Durch die Frühjahrszahlen aus Wirtschaft und Nürnberg geschockt, sitzt der Germane dumpf in seiner Höhle und blickt skeptisch in die keimende Natur hinaus. Unterm Rasen sieht er schon den Maulwurf graben, die Taube gurrt nicht nur, nein, sie scheißt ihm gleich ins Cabrio rein – alles hat sich gegen ihn verschworen. Selbst dem Lurch, früher ein stiller und vor allem flacher Leidensgenosse im Frühling, geht es dank Krötenzaun wieder besser. Statt seiner wird der Deutsche nun selbst überfahren, wenn er trunken über Gleise torkelt oder den ersten Ausritt mit der viel zu starken Nipponfeile wagt. Hoffnung, Frohsinn, Leichtigkeit – damit zog früher mal der Lenz ins Land. Heut wird schon das Herausstellen des Terrassengestühls als frevelhafter Übermut empfunden – nur den Neid der Götter nicht erzeugen, denn stehen im April schon alle Stühle draußen, dann verregnen die Olympier uns noch den Sommer – oder der Rumäne klaut die Stühle. Seitdem der ökonomische Weltgeist in Deutschland die Tür von außen zugemacht hat, gehts auch mit allem anderen nur bergab. Die Sommer sind lau und wässrig wie eine SPD-Agenda, im Urlaub steigt die Flut, oder Terroristen laden ein zur Dschungelsafari – nichts ist mehr so schön wie früher. Das Heimatland des Scheiße-Drauf-Seins hat auch schon sein Sommerthema gefunden: Ozon ist out, jetzt kommt Feinstaub. Wieder ist eine Bürgerfreiheit bedroht: Diesmal die ungehinderte Zufahrt zur Eisdiele mit dem Diesel-Offroader. Ausgerechnet München, die Hauptstadt der Leichtigkeit, trifft es als Erste – nicht etwa Eisenhüttenstadt oder Bochum. Das heißt, in den einstigen Industriemetropolen fahren nicht mal mehr genug Lkw für einen anständigen Feinstaubalarm. Armes Deutschland. Die Ozonwerte reichen schon seit Jahren nicht mehr für Innenstadtsperrungen, sogar die Verkehrsunfälle mit Todesopfern gehen zurück – denn der Deutsche hat es nicht mehr eilig, ist ja auch scheißegal, wo er ist, wenn überall tote Hose droht.

Und das Deprimierendste ist das Frühjahr, wenn die eitle Natur so tut, als ginge sie die Stimmung der Deutschen gar nichts an. Im Angesicht von 5 ½ Millionen Arbeitslosen, kollabierender Staatsverschuldung und Guido Westerwelle tiriliert morgens um halb fünf die Amsel, als sei alles wie früher – Unverschämtheit. Das ist des Deutschen Trauma, die Ursache seines Rasenkanten scherenden Hasses auf die Natur, weil sie nicht mitfühlt, wenns ihm schlecht geht. Im Mai 1945, nach der Kapitulation, blühten die Maiglöckchen, als sei nichts geschehen, da wusste der Deutsche, dass er keine Freunde mehr hat draußen in der Welt. Dies war die Geburt der Herbizidspritze aus dem Geist der Demütigung, und der deutsche Sommer wurde zur Fortsetzung des Krieges mit anderen Mitteln.

Unternehmen Overlord, mindestens
Wenn Ü 30 heiraten wollen

Erstaunlich genug, dass die eingeschworene Singlegeneration überhaupt den Schritt in den seichten Hafen der Ehe wagt. Jahrelang wurde das GV-Material auf Afterwork-Partys, in Chill-out-Lounges oder nur mal so zwischendurch von der Straße weggecastet. Doch im Zuge des fortschreitenden Konservatismus im Lande und der Rückbesinnung auf verstaubte Werte entdeckte auch Ü 30 sein Faible für die genetische Reproduktionsstätte. Doch woher jetzt aus dem Stand ein treues Ehetier besorgen? Alle, die man kennt, sind ebensolche rumhurenden Vogelscheuchen wie man selbst. Man weiß viel zu viel von ihnen, und was man weiß, stimmt einen nicht fröhlich. Also führt der Weg zielsicher in die Reaktivierung von Altmaterial: die Freundin von früher, der Studienkollege aus Bielefeld, die waren doch gar nicht so schlecht, oder! Und da man jahrelang nichts von ihnen gehört hat, kennt man auch nicht ihre desaströsen Beziehungsgeschichten und kann sich eine gemeinsame Zukunft schönflunkern. Doch jetzt gehts los: Sie wohnt in Berlin, er arbeitet bei einer Agentur in Boston. Seine Eltern sind geschieden und können sich nicht ausstehen, ihre Erzeuger haben Flugangst. Wenn man in Boston heiratet, muss er die ganze Agentur einladen, in Berlin käme ihre ganze Clique, die wiederum schwer vorzeigbar ist für seine Geschäftsfreunde, die extra aus Amiland eingeflogen sind. Wo also findet man einen Ort auf der Welt, an dem man in Ruhe heiraten kann, weil dort keine Freunde wohnen? Für die hippen Ü 30 ist die Welt jedoch ein Dorf; selbst in Las Vegas jobt die Ulla in einem Casino; und auf Barbados, wohnt da nicht Babsi seit drei Jahren mit dem eingeborenen Potenzwunder direkt am Strand? Nirgends ein Fleckchen der Ruhe, die ganze Welt ist voller Altlasten. Seine Mutter lebt auf Malle mit dem Neuen, ihre Eltern in Schwüblingsen am Klärwerk. »Irgendwie passt das nicht, du, Ulrike, du!« Bleibt das Standesamt in Wilmersdorf und danach sofort in den Flieger und ab auf die Seychellen. »Nö du, Benjamin, du, ich hab der Isabelle schon ganz doll versprochen, dass sie auf unserer Hochzeit das Ave Maria singen darf, du weißt doch, sie hat seit drei Jahren kein Engagement und freut sich tierisch darauf.«

Allmählich verliert Ü 30 den Spaß am Turtel-Event, und jeder von beiden überlegt sich, wie er am schlauesten aus der Nummer rauskommt. Statements von »der an sich doch sehr spießigen Idee« machen die Runde. »Boston kann im Winter sehr kalt sein, hab ich gelesen«, wägt Ulrike die meteorologischen Risiken einer dauerhaften Verbindung ab. Und plötzlich schiebt sich ein »superwichtiger« Geschäftstermin über den Tag der geplanten Eheschließung: »Mist, da hab ich ja die dreimonatige Besprechung mit den Jungs aus L.A., total vergessen, du, entschuldige, du.« Und noch ehe man sich versieht, rauscht eine SMS über den Atlantik mit der schönsten aller Lügen, die zwischen Menschen möglich ist: »Wir bleiben auf jeden Fall in Kontakt.«

Selbstgefällige Plattitüde
Nein zum Krieg

Wenn ich noch einmal im Radio oder Fernsehen von irgendeiner selbstgefälligen Moralnase hören muss, dass Krieg das Schrecklichste überhaupt sei, mit ganz viel Leiden verbunden auch und gerade von so genannten unschuldigen Zivilisten – wenn ich es noch einmal höre, dann muss ich brechen. Warum erzählen sie uns das ständig? Glauben sie wirklich, es gebe einen halbwegs anständigen Menschen in dieser Gesellschaft, der anderer Meinung ist? Es ist wie mit so vielen vollmundigen Meinungsbekundungen: Das Ziel ist nicht der Weg. Das insgesamte Scheißefinden des Krieges führt nicht zwangsläufig zu

Joschka Fischer fliegt über Deutschland.

seiner Vermeidung, im Gegenteil: Manchmal nährt es sogar die Illusion, das sei schon die Lösung. Kurz bevor Hitler Stalin überfiel, unterzeichnete er noch einen Nichtangriffspakt; in Palästina sind die Friedens- und Waffenstillstandsverhandlungen die andauernde Begleitmusik zum täglichen Kriegsterror. Mir macht es eher Angst, wenn selbst Pentagon-Strategen den Krieg dämonisieren und damit in den Rang eines Schicksalsschlages emporheben. Spart euch die Moral, ihr Pazifisten, hört auf, gebetsmühlenartig von den »unschuldigen Zivilopfern« und den »Frauen und Kindern« zu schwadronieren, das sind Vokabeln der Gegner. Argumentiert aus der Logik der Politiker selbst: Der Krieg ist die Fortsetzung der Politik mit anderen Mitteln – und zwar wie im Falle Irak besonders – eine schlechte: Er kostet zu viel Geld, hat einen ungewissen Ausgang und ruiniert die Weltwirtschaft. Denn seien wir doch mal ehrlich: Ein toter Iraker mehr oder weniger kratzt den Bundesbürger weniger, als wenn die Eigenheimzulage wegbricht.

Vier Ziffern für ein Halleluja
EC-Karten

Ich stehe an einem gewöhnlichen Supermarktterminal irgendwo im feuchtkalten Germanien. Vor mir schieben die Konsumgreise Schritt für Schritt ihre Beute näher an das Förderband heran. Wenn man sieht, was heutzutage gefressen wird, kann man sich nur über die allgemein gestiegene Lebenserwartung wundern. Alles ist eingeschweißt – allein das Wort verströmt schon den Pesthauch toter Füße in Nylonsocken: Pampe, Mompe, Brei und Dosenfraß – Hauptsache süß und fettig. Das aufrechte Gebilde vor mir ist dran mit Bezahlen: acht Euro fuffzig zeigt die grüne Schrift an der Scannerkasse. Doch statt nun zügig die Marie aus der Geldkatze zu kramen, zückt der Schlaumeier seine Plastikkarte. Wer Beträge unter 20 Euro statt mit Valuta durch Kontoabbuchung begleicht, gehört unter uns gesagt in die Geschlossene. Da stehen nun acht Erwachsene Schlange und starren angesäuert auf die Kassenmaid, die zum x-ten Mal die speckige EC-Karte des Blödians vergeblich durch die Lesescheide fädelt. Woran liegts? Hat er einen magnetisierten Arsch oder einfach nur dessen Behälter seit Wochen nicht gewaschen? Endlich fiept es aus dem Kasten, und die Leichtlohn-Kassandra reicht dem Kunden die Eingabe-Unit für Geheimzahl und deren doppelte Bestätigung. Nun denkt man als Träger des erweiterten Hauptschulabschlusses, so schwer kann das nicht sein: eine vierstellige Zahl in richtiger Reihenfolge eintippen und zweimal auf eine grüne Taste drücken. Das müsste selbst in Deutschland noch zum Ausbildungsstandard der Mehrheit gehören. Haha, tuts aber nicht. Wie viele unserer Leistungsträger sah ich schon an der Supermarktkasse schmählich scheitern – zu blöd, um sich vier Ziffern zu merken, zu dicke Finger für die Tastatur aus asiatischer Produktion. Nicht mehr lange und der Chinese tippt für uns den Code in das Lesegerät und nimmt die Karte danach gleich mit nach Haus. Gute Nacht, Deutschland.

Wörterbuch des Schulterschlusses
Fortgesetztes Rumgemerkel

»Salzletten heißen heute saltlets.« Ich kotze gleich. Das angesagteste Fingerfood der Nachkriegszeit wird nun auch noch amerikanisiert, nicht gerade der Megatrend dieser Tage. Oder will hier ein Salzgebäckhersteller Flagge zeigen für die Atlantikbrücke? In Zeiten, in denen selbst der adipöse Jugendliche über einen Boykott amerikanischer Schnellküche nachdenkt, müssen die letzten wackeren Transatlantiker die Merkel machen. Salzletten heißen ab heute saltlets, na bitte, Erbsensuppe PeePeeSoup, Mercedes heißt ja schon Chrysler, der Käfer längst New Beetle und Blitzkrieg ist sowieso schon ein amerikanisches Wort geworden. Wörter sind Politik, die gemeinsame Sprache hält den Haufen Vollidioten auf kultureller Linie. Ein Land, das nicht mal mehr ein eigenes Wort für die scheiß Salzstangen hat, kann doch gleich einpacken. Ekelhaftes Rumgemerkel ist so was. Beim Italiener gabs früher zum Cappuccino ein Croissant oder eine halbe Bemme mit Parmaschinken, heute wird man durch Donuts und Bagels beleidigt. Die ganze städtische Kaffeekultur ist mittlerweile merkelmäßig versaut. Sogar der Türke, ansonsten auf kulturelle Identität bedacht, scheut sich nicht, seinen Döner Kebab mit gewürzgeflutetem Shredderhuhn zu füllen und als Chicken-Döner feilzubieten. Gehts denn noch? Den Widerspruch im Begriff »American Pizza« bemerken wir ja schon gar nicht mehr, die eigenen Blagen heißen nur noch

»Kids«, rumdösen ist zum »Chillen« getunt worden – es wird Zeit, einen Schlussstrich unter Old Europe zu ziehen und einzugestehen, was wir wirklich sind: die Blödmannsgehilfen von Uncle Sam.

Gierige Promis
Männer ohne Stolz und Würde

Alles ist dahin in dieser schäbigen Welt, selbst das Geld hat seinen Zauber verloren. Früher dachten Gering- und Normalverdiener noch mit kaum verdecktem Neid, Geld allein mache auch nicht glücklich. Scheiß was drauf, doch unabhängig und mächtig, das werde man auf jeden Fall mit sehr viel Moneten. Alles vorbei! Heute macht Geld blöd, abhängig und charakterlos. Wie anders ist es zu erklären, dass Multimillionäre wie Gottschalk, Jauch oder Harald Schmidt für jeden Dreck Fernsehwerbung machen und sich darin aufführen wie die allerletzten Vollidioten? Besonders Jauch und Hoeneß als Telekomaffen verfehlen nur knapp die lebenslange Sicherheitsverwahrung. Was will Günther Jauch uns damit sagen? Er, der seriöse Quizlenker und Stern-Moderator ist auch nur ein geldgieriges Charakterschwein, das für genug Penunzen einfach alles machen würde – sogar Pulverkaffee trinken! Nein, das war ja Harald Schmidt, die Intellektuellen-Ikone im Ballaballa-Fernsehen. Der hatte allerdings schon als Reklame-Harry für Mehdorns Geisterbahn gezeigt, dass er im Grunde genauso eine TV-Hure ist wie die andern auch. Seltsamerweise nimmt es der Zuschauer seinen Promis nicht übel, wenn sie sich für den schnöden Mammon der absoluten Lächerlichkeit preisgeben. Warum nicht? Er würde es genauso machen! Für ganz viel Geld ohne Arbeit würde der Deutsche sich den Arsch rasieren und im Gorillakäfig anketten lassen – okay, vielleicht ohne Rasur. Der Gedanke, man könne sich für Geld Freiheit erkaufen, Freiheit z.B. davon, für jedes lösliche Gesöff Werbung zu machen – dieser Gedanke kommt weder dem Normalbekloppten noch dem Promi. Geld besitzen heißt, sich Wünsche erfüllen zu können. Es kann aber auch heißen, sich den Wünschen anderer nicht beugen zu müssen, um diesen den Affen zu machen. Das scheint aber niemanden mehr zu interessieren. Auch den Politiker zieht es vermehrt ins Werbefernsehen. Jetzt, da ihn sowieso schon alle für ein charakterloses Miststück halten, kann er auch die Marie dafür abgreifen. Jüngstes Beispiel: Lothar Späth als Vorkoster von na was wohl: löslichem Kaffee natürlich, der Einstiegsdroge in die Welt der Männer ohne Stolz und Würde.

Vollkommenheit um uns herum:

Selten ist Ebenmaß und Schönheit so sehr Gestalt geworden wie im Phallus des Mannes. Gleich einem Löwen in der Mittagssonne lauert das Gemächte hinter dürrem Buschwerk. Alles an ihm strotzt vor Kraft. Sollte sich ein Beutetier auf Sprungweite in seine Nähe wagen, gibt es kein Halten mehr. Der König der Unterhose schwillt auf das Hundertfache seiner Größe an und zwingt sein Opfer in die Knie. Der Phallus: ein Meisterwerk der Natur, geschaffen, die Welt nach seinem Ebenbild zu formen.

Und dennoch ist er bescheiden geblieben, wie es sich für einen wahren Herrscher geziemt. Unscheinbar, nicht unähnlich irgendeiner x-beliebigen Hautfalte oder bösartigen Wucherung, hängt der König der Lüste zwischen den Beinen herum. Niemand, der ihn nicht kennte, würde hinter diesem lächerlichen »Pimmel«, wie ihn die Griechen nannten, den mächtigen Tyrannen vermuten, der die Taten des Baggerführers geradeso bestimmt wie die des Bundeskanzlers.

Der Phallus

In der Ethikkommission

»Diese Straftäter – alle an die Wand! Oder Rübe ab! Zur Not auch langsam mit einem rostigen Schraubenzieher die Augen auskratzen.« Sicher, sicher! Aber wem und warum, und gibt es auch genug Fachpersonal für die Durchführung? An diesen elementaren Dingen schon scheitern die ethischen Vorstellungen des zornigen Endverbrauchers. Geht es erst um Präimplantationsdiagnostik oder – welch entzückendes Wort – »verbrauchende Embryonenforschung«, da weiß unser Mann an der Currywurst gar nicht mehr Bescheid. (Zwischenfrage: Wann wird Vergewaltigung mit Todesfolge in »verbrauchende Sexualität« umbenannt?) Unser Kanzler auch nicht, und da hat er mich gefragt, ob ich Vorsitzender einer Ethik-Kommission werden wollte. Konnte ich natürlich nicht Nein sagen, und nach einem Tag war ich fertig mit der Arbeit. Die Tortur, mit den üblichen Verdächtigen aus Kirche und Gewerkschaften zu diskutieren, hab ich mir nicht angetan und lieber alles schön selber ausgedacht. Angefangen hab ich mit was Leichtem: Aktive Sterbehilfe oder Tötung auf ausdrücklichen Wunsch des Opfers. Darf man das? Ergebnis: Nein! Warum nicht? Das Tötungsverlangen lässt sich zum Zeitpunkt des Abmurksens nicht zweifelsfrei feststellen oder dokumentieren. Da muss sich die Apparatemedizin schon andere Stilllegungskonzepte für ihre Totalschäden überlegen, statt an abendländischen Grundüberzeugungen rumzudoktern. Zweiter Fall: Präimplantationsdiagnostik. Darf man nachgucken, ob das Teil auch heile ist, bevor man einen Embryo in die Röhre schiebt? Das will ich doch hoffen. Bloß weil die Natur es nicht fertig bringt, von Erbschäden unbelasteten Nachwuchs hervorzubringen, müssen wir das Scheißkonzept doch nicht mutwillig nachahmen. Dritter Fall: »Verbrauchende Embryonenforschung«, was nichts anderes heißt, als dass die Jungs danach hin sind. Die Gegner tun immer so, als ob diese Zellverbände ansonsten im katholischen Embryonenheim zu wackeren Christenmenschen heranwüchsen. Is aber nich, also warum damit nicht versuchen, bisher unheilbar Kranken eine Therapiemöglichkeit zu eröffnen. Wird also erlaubt. Damit waren die wichtigsten Fragen an die Ethikkommission schon geklärt, aber weil ich gerade so in Fahrt gewesen bin, hab ich einfach weitergemacht und einen der blödsinnigsten Grundsätze abendländischer Ethik abgeschafft, den kantschen kategorischen Imperativ. Zur Erinnerung noch mal im kompletten Wortlaut: »Handle stets so, dass die Maxime deines Handelns Grundlage einer allgemein gültigen Gesetzgebung werden kann.« Was für ein Quatsch! Da hat der ansonsten sehr gewitzte Königsberger einen echten Klops gebracht (diesen schalen Witz konnte ich mir nicht verkneifen, ich habs versucht, ging aber nicht). In der volkstümlichen Version klingt der kantsche Imperativ genauso bescheuert: »Verlassen Sie die Toilette so, wie Sie sie vorzufinden wünschen!« Und genauso sehen die Toiletten dann auch aus. Eine andere volkstümliche Version lautet: »Könnte ja jeder kommen!«, besonders beliebt bei deutschen Würdenträgern in grauen Kitteln. Was sowohl Kant als auch der normale Hausmeister nicht verstanden haben, ist das Prinzip eines lebenden Organismus, das ist nämlich die »Ausnahme« und nicht das unbedingte Einhalten des

Gesetzes. Nehmen wir einmal die StVO, Geißel eines jeden Verkehrsteilnehmers. Jeder hält sich grob an das Regelwerk, achtet die Vorfahrt bei Einmündungen und fährt meistens rechts auf der Straße. Aber niemand käme auf die Idee, sich tatsächlich dauernd den Abertausenden von Schildern und Bevormundungen am Wegesrand gemäß zu verhalten. Würde der deutsche Autofahrer lückenlos überwacht, 90 % hätten nach zwei Tagen den Lappen blankgeschmissen. Nach Kant wäre die Maxime ihres tatsächlichen Handelns also die Anarchie, geht aber nicht. Der Verkehr funktioniert nur so lange, wie nicht alles so eng gesehen wird. Anderes Beispiel: Schwarzarbeit. Ist verboten, aber jeder machts. Beide kategorischen Schlussfolgerungen daraus sind falsch: Weder kann man sie erlauben noch verhindern. Und das Schöne daran ist, es sind ja staatliche Gesetze, und den Staat nimmt sowieso keiner ernst, deshalb geht das wunderbar beides nebeneinander. Steuern müssen sein, aber Steuerhinterziehung is auch ganz witzig. Seit Jahrzehnten hat der Staat versucht, den Steuerhinterzieher in ein moralisch verderbtes Wesen zu verwandeln – ist ihm aber nicht gelungen. Jeder hinterzieht weiter fröhlich Steuern, wenns irgendwie geht, und genau deswegen ist er überhaupt bereit, den Großteil an Staatsabgaben ohne Murren zu leisten. Nix mit kategorischer Ethik! Als mir das alles wieder mal klar wurde, habe ich die Ethikkommission aufgelöst und dem Bundeskanzler geschrieben, er muss sich einen anderen dafür suchen. Der Staat soll das menschliche Zusammenleben nach praktischen und durchführbaren Regeln organisieren, von der Ethik lässt er besser die Finger, oder die Berliner Republik wird zum Mullah-Regime.

Selbsternannte Ureinwohner
Die Grünen

Die Indianer zum Beispiel lebten im Einklang mit der Natur. Schön für sie, aber sie kannten ja auch noch keine Rasenfläche und damit deren ärgsten Widersacher, den Maulwurf. Und ich wette drauf, dass Winnetou mit Sackratten und Flöhen übersät war wie ein Straßenköter. Doch immer wenn Karl May vorbeikam, schwieg er wie ein Mann. So entstand auch im Bafög-Proletariat die Legende vom edlen Wilden, vom Leben im Einklang mit der Natur und damit letztlich die Ideologie der Grünen. Winnetou ist schuld, dass wir kein gentechnisch verändertes Büffelfleisch bei McDonald's kriegen. Ihm zuliebe treiben wir den Asphalt nicht wild durch die Prärie, sondern machen große Umwege, damit der Feldhamster weiter im Einklang mit seinen eigenen Klöten leben darf. Wir liebten ihn und Nschotschi, doch wir bekamen Old Bütikofer und Claudia Roth. Über dem ganzen Stamm wacht Häuptling Alter-Mann-der-sich-selber-beim-Heiraten-zuguckt. Was für ein lahmer Haufen, damit lässt sich der weiße Mann nun wirklich nicht vertreiben. Doch immer noch gewinnt der zauselige Indianerklub an Stimmen bei den Wahlen. Woran mag das liegen? An der betörenden Erotik Angelika Beers, am Vollstrecker des deutschen Dosenpfands Trittin? Nein! Es liegt daran, dass in diesem Land bei einem Großteil der vor 1960 Geborenen ein körperlicher Widerwille davor besteht, die CDU oder FDP zu wählen. Und da man Käpten Schröder und seine Leichtmatrosen auf dem Fliegenden Holländer abwechselnd mit ungläubigem Staunen oder Abscheu beobachtet, bleibt nur noch der lustige Indianerklub von Tante Joschka. Die Grünen werden nur gewählt, weil der Kumpel in der Koalition so extrem scheiße ist. Bei jeder Wahl werden ihm die Zweitstimmen abgemolken, bis Münte wie eine klapprige heilige Kuh durch seine verdorrte Fraktion wankt. Doch da kriecht plötzlich ein Untoter im Saarland aus der Erde. Und schon steht der Mythos wieder mitten zwischen den altgedienten Sozen. Da hat es dann selbst ein ähnlich durchgeknalltes Wesen wie Claudia Roth schwer, gegen so viel Wahn noch anzustinken. Schade, dass Winnetou das nicht mehr erleben darf, er hätte seine Freude gehabt am Untergang des weißen Mannes.

Daddeln plus Didaktik
Moderne Museen

Dort, wo der Zeitgeist nicht gerade ein und aus geht, sagen wir mal in Kirchen, Gesangsvereinen oder Stadttheatern, versucht man sich auf besonders eklige Weise an die Moderne ranzuschleimen. Ich sage nur SMS-Gottesdienst, ein Cat-Stevens-Medley vom Männerchor oder Doktor Faustus als nackter Neonazi mit Riesenpimmel. Fast unbemerkt eingeschlichen in diesen Reigen der Peinlichkeit haben sich die staatlichen Museen. Statt auf die Begegnung mit dem Authentischen zu setzen, geben sie sich interaktiv und didaktisch. In der Realität sieht das dann so aus, dass, egal, ob man ein Verkehrs-, Naturkunde- oder Geschichtsmuseum besucht, überall Daddelkisten zum Dranrumfummeln stehen. Ein Plastesaurier im Saal für Urzeitechsen reckt dem Besucher seinen finstren Reptilienarsch entgegen, und hoppsassa, wenn man ihm in die Rosette blickt, läuft drinnen ein kleiner Trickfilm ab. Sehr beliebt sind auch didaktische Großtaten mithilfe kleiner Glühbirnchen: Ein fünf mal sieben Meter großes Bild eines Eichhornmännchens, davor ein Tableau mit der Frage: Wo hat der Eichkater seinen Pimmel? Unter der Frage steht ANTWORT BITTE DRÜCKEN und daneben ragt ein kleiner Druckschalter aus der Hartfaserplatte. Betätigt man nun vor lauter Wissbegier dieses Instrument, leuchtet eine winzige Glühbirne im Schritt des Rieseneichkaters auf. Na sieh mal einer an! Da haben wir uns aber interaktiv einen runtergeholt. Vor lauter Angst, als Museum selber museal zu werden, treiben die Verantwortlichen einen pseudomodernen Budenzauber, der sie als Stätte des Staunens und Lernens regelmäßig entweiht. Aufgrund ihrer behördlichen Beschaffungskriminalität sind sie eh nicht in der Lage, mit der Entwicklung virtueller Aufbereitung Schritt zu halten. Im Vergleich zu jeder Spielkonsole sind die interaktiven Kisten nichts als Elektronikschrott von vorgestern und ringen dem bespaßten Zögling nur ein müdes Lächeln ab. Lasst es doch einfach sein und zeigt uns die Realität und was von ihr übrig geblieben ist. Eine Glotze haben wir alle selber zu Hause.

Wo die Sonne niemals aufgeht
Land des Schwächelns

Das wirklich Erstaunliche an diesem Land ist, dass überhaupt nichts klappt. Zumindest nach den Gesetzen des Zufalls müsste ab und zu mal ein Erfolg durchrutschen – tut er aber nicht. Im konsequenten Todestrieb wird Misserfolg an Desaster gereiht, als gelte es das Bild vom perfekten Deutschen für immer zu zerstören. Der Transrapid, der Cargolifter, das Dosenpfand, der ICE mit Neigetechnik, die Lkw-Maut – wo anfangen und wo aufhören? Nichts, aber auch gar nichts funktioniert annähernd so, wie es geplant ist. Woran liegt das? Naturgemäß an der Politik, diesem Kindergarten eitler Dilettanten, aber nicht nur. Andere Teile der Gesellschaft haben längst nachgezogen. Zu Hilfe kommt ihnen dabei der Hang des Deutschen, für jedes Problem die denkbar komplizierteste technische Lösung anzuvisieren. Beispiel: Die Lkw-Maut. Während sich in ganz Europa jeder Autobahnnutzer einfach eine Vignette hinter die Scheibe klebt, wird in Doofland ein satellitengestütztes Erfassungssystem mit On-Board-Units und Überwachungsbrücken auf den Autobahnen installiert. Erster Einwand: Was soll der Scheiß? Zweiter Einwand: 25% der Einnahmen streicht allein die Inkassofirma ein. Dritter Einwand: Die Technik funktioniert gar nicht. Die bitterste Erfahrung der letzten Jahre bleibt, dass Deutschland überhaupt kein Hightech-Standort mehr ist, aber immer noch so tut. Beim Transrapid in Shanghai sind schon die Kabel durchgeschmort, der Chinese ist zu Recht genervt und kauft jetzt wieder Züge in Japan ein. Und auch der angebliche Exportschlager Lkw-Maut-System wird sich zu dem typisch deutschen Rohrkrepierer entwickeln, da er nicht zu Marktbedingungen gebaut wird, sondern der Filzklumpen aus Politik, Gewerkschaft und Industrie wieder mal eine Missgeburt gekreißt hat. Funktioniert nicht? Macht nichts! Verschieben wir den Start einfach um ein paar Monate. Dreihundert Millionen Einnahmen sind perdu? Macht auch nichts, sagt Stasi-Opa Stolpe und widmet sich dem nächsten Idiotenprojekt, dem Kanal nach Halle an der Saale. Und weil auch in der Provinz der Spaß am Wurschteln nicht zu kurz kommen darf, wird jeder militärische Landeacker zum Airport ausgebaut. Wir haben ja erst 37 Flughäfen in diesem Land, da ist noch eine Menge Platz. Was einst nur größenwahnsinnigen Diktaturen vorbehalten war, sich durch gigantische Staudämme, Flussumleitungen oder anderem betonierten Größenwahn ein Denkmal zu setzen, hat endlich auch Mitteleuropa erreicht. Man sehnt sich nach Gründerzeit und Wilhelminismus zurück, da zergelten die Irren noch Denkmäler in die Landschaft: Völkerschlacht, Hermann, Niederwald oder Porta Westfalica – was waren das doch für harmlose Wahnsinnstaten im Vergleich zu Dosenpfand und Lkw-Maut. Bitte, bitte, liebe deutsche Industrie, hilf uns, ein Reiterdenkmal für Gerhard Schröder zu bauen und darauf alle Energie zu verwenden. Mit etwas Glück eitert sich Deutschland von selbst gesund, wenn es nur von den Therapeuten verschont bleibt.

Das fetzt wie Harry
Party bei Ü 40

Der Mensch wird zwar stets älter, aber seine Vorstellungen von einer geilen Party verharren auf der Stufe eines Sechzehnjährigen. So feiert noch der arrivierte Marketingmensch seinen Eintritt ins Greisenalter mit einer Sause aus dem Mofazeitalter: Alkohol satt, Nudelsalat bringt jeder mit, und in einer Ecke des Reihenhauskellers steht die Anlage und brüllt alte Scharteken durchs Gemäuer. Als wir alle noch jung und gierig waren, reichten diese Ingredienzen für 'ne schweinegeile Party, bei der was hängen blieb: mindestens ein mörderischer Kater, wenn nicht ein Rudel frischer Sackratten im Feuchtbiotop. Denn zwei Dinge warens, die uns damals aus dem Hause trieben: Delirium durch Verabfolgung umsonsten Alkohols und/oder Flachlegung eines scharfen Gerätes. Wobei Ersteres immer gelang, Zweiteres fast nie, aber als Versprechen stets präsent war. Heute kann ein Rudel Vierzigjähriger mit dem Dreisatz Fressen, Alk und laute Rockmusik nicht mal mehr den eigenen Schweinehund hinter der inneren Zentralheizung hervorlocken. Gefressen wird eh zu viel, Alk gibts jeden Tag vor der Glotze, und Menschen ab 40, die in Reihenhäusern zu Suzie Quattro tanzen, sind einfach nur lächerlich. Was aber hauptsächlich fehlt, ist der Anreiz, sich diese Tortur aus Alkoholvergiftung und Zugedröhne überhaupt anzutun. Es ist die Aussicht auf sexuelle Beute, die bei einem Pärchenauftrieb des Mittelalters gänzlich abhanden gekommen ist. Da stehen sie lustlos in der Gegend herum, nagen an Hühnerbeinen, nippen an alkoholfreien Getränken und schielen ständig auf den

Breitling-Chrono, wann es denn nun endlich 11 Uhr wird, um halbwegs anständig den Abgang zu machen. Zu Hause den Spätfilm gucken, mit Carola im Otto-Benz-Möbel kuscheln und am andern Morgen ganz allein die FAZ auf dem Scheißhaus lesen – das ist die Utopie ab 40. Wenn der Sexualtrieb seine letzte Ruhestätte gefunden hat, muss man sich nicht mehr die Nacht um die Ohren schlagen. Warum aber feiern immer noch längst Ergraute so, als sei es gerade gestern gewesen, da sie die Mofas am Jugendzentrum abgestellt haben? Wer diese überlebte Form pubertärer Geselligkeit in ihrer ganzen peinlichen Größe mal erleben möchte, dem empfehle ich eine Party bei den GRÜNEN.

Die Reform der Reformen
Früher sterben

Was sollen wir nicht alles tun, damit es mit dem Saftladen Bundesrepublik endlich wieder bergauf geht: länger malochen, mehr einkaufen, lebenslang lernen, für 'nen miesen Job auch schon mal 400 km Anreise in Kauf nehmen, und vor allem: nicht so frisch verprügelt aus der Wäsche glotzen. Wann lässt der erste Politiker die ganz hässliche Katze aus dem Sack? Wir sollen früher abkratzen, verdammt noch mal! Gesundheit, Rente, Pflege, Arbeitsnebenkosten, ZDF-Programm: Der ganze Mist rührt doch daher, dass wir – und jetzt alle festhalten bitte – fünfzig Jahre unseres Bundesbürgerdaseins als Nichtsnutze verplempern. Zuerst drei Jahr-

Energiegewinnung in den neuen Bundesländern: ohne Worte.

zehnte in der staatlichen Verblödungsmaschine von der Krippe bis zum Sozialpädagogik-Bachelor und am Schluss mindestens zwanzig Jahre Mümmelfritze. Und immer mehr Menschen hängen die Zeit dazwischen auch bloß noch am Kiosk rum. Die Jugend hat ihren Beitrag zur Reduktion bereits geleistet: Sie wird erst gar nicht mehr geboren. Auch der Transferleistungsempfänger im besten Erwerbsalter gibt sich alle Mühe, die Kurve zu kratzen: Suff, Gattenmord und Kampfhundzucht lassen immerhin das übelste Gelichter weit vor ihrer Zeit den Sittich machen. Nur wer die 60 erreicht hat, weigert sich beharrlich abzunippeln. Mit 70 steigt sogar noch mal die Lebenserwartung, denn wer erst die Klippe der Herzinfarkte überwunden hat, der welkt gemächlich seinem Ende entgegen. Die Rentner saufen nicht, rauchen nicht, erschießen selten ihre Lebenspartner und haben jede Menge Zeit, im Wartezimmer abzuhängen. Kein Wunder, dass sie nicht den Weg nach draußen finden. Sie treiben Sport, studieren Kunstgeschichte, und in der Bravo hab ich schon die Werbung für Lifta-Treppenlifte gesehen. So geht das natürlich nicht weiter. Die Bundesregierung plant völlig zu Recht eine Daseinsgrundgebühr für alle Bürger über 70. Pro Quartal 1000 Euro oder Übersiedlung ins Deutsche Seniorenaußenlager Oberschlesien. Da kostet die Pflege bloß 2 Euro pro Tag. Ziehen auch dort die Preise an, wird die Division Grauer Panther hinter die Wolga verlegt. Manchmal braucht ein Vorstoß eben seine Zeit, denkt sich da der 90-jährige Oberfeld a.D. und hat auch seinen Spaß.

Wenn der große Bruder
selber spricht
Friendly Fire

Das schönste Wort im Golfkrieg Nummer 1 war »Kollateralschaden« für die mal eben so nebenbei Erschossenen, der GK 2 wird mit »Friendly Fire« in das ewige Vokabelheft des Unmenschen einrücken. Ruhmreich und ehrenvoll ists, fürs Vaterland den Löffel abzugeben, aber gilt das eigentlich auch, wenn der Kamerad den finalen Schuss platziert? Und wie fühlt sich der Schütze des Eigentores?

Das Schlagwort »Friendly Fire« hat jedenfalls das Format, um in die Alltagssprache einzugehen. »Friendly Vergewaltigung«, wenns der eigene Gatte war, »Friendly Massenmord«, wenn der Diktator seine eigene Bevölkerung ausrottet. Man braucht keine Feinde mehr, wenn man solche Freunde hat. Das Schöne am internen Abschuss ist auf jeden Fall, dass alles in der Familie bleibt. Da steht kein grinsender Ziegenhirte neben den Flugzeugtrümmern und zeigt stolz den Vorderlader in die Kamera, nix da, aus den Abschüssen unter Kameraden schlägt kein Gegner seinen propagandistischen Profit. Drum wär ein Krieg ausschließlich unter »Friendly Fire« publizistisch gesehen eine feine Sache. Um ihr Image in Europa oder auch in Arabien bräuchten sich die Amis keine Gedanken mehr zu machen, wenn »Friendly Fire« zur Gesamtstrategie erhoben würde. Statt den ganzen Ramsch nach dem Krieg für viel Geld wieder zurückzufliegen, gibts nach dem Sturm auf Bagdad eine Art Räumungsschießen unter »Friendly

Fire«. Oder schon vorher: Die 121. Infanteriedivision schießt sich durch ein kollektives Selbstmordattentat in die Herzen der Hisbollah hinein. Diese Kultur wird doch verstanden von den Gotteskriegern am Golf, und Ajatollah Dabbelju is ja selber einer, wie er sagt. Dann muss er eben auch deren Kultur akzeptieren, das technische Know-how hat er ja, dank »Friendly Fire«.

Placebos aus dem Pupsi-Markt
Nahrungsergänzung

Das deutsche Edelschwein, auch Bundesbürger genannt, lebt Jahr für Jahr immer länger. Nur die Fresssucht, das Rauchen und der Alk treibt die Säcke noch frühzeitig in den Sarg. Verantwortlich für das lange Leben der Germanen ist eine trotz BSE, Hühnerhusten und Dioxin insgesamt ausgewogene und ausreichende Lebensmittelversorgung. Nie zuvor in der Geschichte Mitteleuropas stand der Volkskörper so gut in Futter. Wollte er seine Performance noch optimieren, müsste er nur weniger in sich reinschaufeln. Scheißegal von was, Hauptsache nicht so viel davon. Doch was haut sich der Doofmann in die Rüstung? Noch mehr so genannte Nahrungsergänzungsprodukte. Kein Joghurt ohne Buchstaben drauf, in jedem Saft sind Zusatzvitamine, Kalzium und Eisen sowieso, linksdrehender Quark, ungesättigter Firlefanz, und das Bratfett enthält Omega 3 und 6 – na, wenn das nicht der Hammer ist. Schon gibt es Fertigfraß, in den der Tiefkühl-Druide

Deutsches Umweltdenkmal: Feinstaub-Emissionen gleich null.

bereits Medikamente eingerührt hat. Die Gute-Nacht-Pizza, Salami, Funghi, Valium wirft einen nach Genuss zuverlässig auf die Matratze, der Cerealienbrei am Morgen ist bereits mit Retalin gestreckt, damit Klein-PISA-Trottel nicht die Schulmöbel kaputtwackelt. Noch bröseln sich die Endverbraucher freiwillig den Ergänzungsscheiß übers Mittagessen, doch die Zukunft liegt in der Composerspeise für jeden Anlass. Da gibts den Glücksspinat mit Prozac untermischt, das Wellness-Schnitzel, nach dem man endlich wieder so befreit furzen kann wie früher. Selbst da, wo die Doofen von allein schon draufgekommen sind, man müsste einfach nur weniger fressen, hat die Futterindustrie eine Lösung vorgekaut: Light-Bier, fettarme Milch, kalorienreduzierte Zigeunerchips, cholesterinfreie Currywurst vom schlaffen Putenarsch – der ganze Gammel kostet mehr als das Original, schmeckt dafür nicht mal halb so gut. Warum Halbfettbutter kaufen, wenn man seine Bemme genauso gut mit der Hälfte richtiger Butter bestreichen kann. Aber für diese hochintellektuelle Überlegung reichts anscheinend nicht zwischen den Ohren des normalen Dosenfressers. Da muss wohl etwas Hirnergänzungsnahrung her, Nüsse sollen da angeblich Wunder wirken. Advent, Advent, ein Lichtlein brennt im Hirn, und wenns nicht wieder ausgeht, leuchtet bald die ganze Stirn.

Vollkommenheit um uns herum:

Das typisch deutsche Schmuddelwetter, Garant unseres Wohlstandes. In der Dritten Welt, ja, da scheint die Sonn' ohn' Unterlass, doch der Neger liegt bitterarm in der Sahara herum. Hier bei uns nährt die gute alte Tante Schmuddelwetter ihre deutschen Kinder am großen Busen, den Heizungsinstallateur ebenso wie Irrenarzt und Urologen.
Deutschland, du hast es gut. Im Schutze des allgegenwärtigen Schmuddelwetters konnte sich hier eine einzigartige Architektur gegen deine Unbilden entwickeln. Während der Südländer unter schäbigen Bastmatten am Meeressaume kauert, blicken wir mit einem Gruseln hinaus. Zu verdanken haben wir es nur einer Laune der Natur, unserem einzigartigen, alles durchdringenden Schmuddelwetter. Wir danken dir.

Schmuddelwetter

Deutsche Inseln
Jamaika

Seitdem auch Frauen den Herbst ihrer Attraktivität nicht erotisch ungenutzt verstreichen lassen mögen, stehen sie vor einem logistischen Problem: Männer ihres Alters sehen genauso benutzt aus wie sie selber, finden sie nicht scharf oder – noch schlimmer – sind der eigene. Junge Stecher auf altem Gelände sind noch immer die große Ausnahme, und auf dem Importwege kommt nichts an maskulinem Frischfleisch rein. Wenn die Ware also nicht zum Markt gelangt, muss der Markt zum Erzeuger reisen. Die Lösung heißt Jamaika. Als deutsche Brunhild im Vorausschatten des eigenen Klimakteriums erhält man dort eine Menge Schwanz fürs Geld. Mal drei Wochen in die Karibik flattern und sich vom schwarzen Mann ordentlich durchorgeln lassen, gilt selbst unter Lätta-Verwenderinnen als durchaus hoffähig. Während der wampige Mann im Zenit seiner erotischen Schaffenskraft die Ausflüge nach Thailand oder Brasilien noch als Bildungsreise tarnt, geht Frau Fünfundvierzig selbstbewusst auf Lendensafari. Die Verwegensten unter ihnen bringen sich sogar ihr Glück im Schritt als Souvenir nach Hause mit. In Mitteleuropa stößt die Rastalocke allerdings sehr schnell an die Grenzen des Haschischverzehrs als Hauptbeschäftigung. Und so geht es dem Weibe dann um nichts besser als dem Mann, der sich was Nettes für untenrum aus dem Katalog kommen ließ. Dabei war auf Jamaika doch alles so relaxed: Gudrun, 47, frühpensionierte Studienrätin, aquarellierte den Tag über am Beach, und wenn es dämmerte, kam der Black

Man ins Zelt und rammelte sie wie einst in Babylon. Dabei war es dem erotischen Vergnügen wenig hinderlich – wenn nicht sogar förderlich –, dass Black Man ein übler Chauvi, Schwulenhasser und zugedröhnter Drückeberger war. All das, was sie einem deutschen Schwanzträger niemals durchgehen ließ, erschien ihr unter karibischer Sonne wie das Paradies ursprünglicher Sexualität. Was nur wiederum zeigt, dass die Frau in Sachen Bekloppheit längst den Anschlusstreffer gegen das Patriarchat erzielt hat.

Von der Frau bis zum Prospekt
Der stete Verfall der Beilagen

Vor langer, langer Zeit da »wohnte der Mann dem Weibe bey«, und den Ort des Rumgemaches, wenn nicht gar jenes selbst, nannte man »Beylager« – eine »Beylage« war also eine Frau komma willig. Nicht schlecht, Herr Specht! Den ersten Niedergang erlebte der Begriff in der Wandlung zum Schnitzelbegleitgrün auf dem Wirtshausteller. »Beilagen« waren ab da z.B. Dosenerbsen mit Petersilie, zum Frischgemüse umgerubbelt, oder die legendären Prinzessböhnchen, was auch nichts anderes war als Dosenbohnen, diesmal im Speckmantel kulinarisch aufgepeppt. Neben der »Gemüsebeilage« existiert auch noch die »Sättigungsbeilage«, das ist kalorienmäßig hochverdichteter Fraß, der als Trägermasse für Soßen dient und das so beliebte Völlegefühl erzeugt. Klassiker der »Sättigungsbeilage« sind Dampfnudeln, Petersilienkartoffeln oder eine gelbgrüne Pampe namens Püree. Ist der nicht komplett weggefressen worden, kann man ihn am nächsten Tag noch zu kleinen Bomben kneten, in die Friteuse schmeißen, und hat dann die modernistische Beilage »Kroketten« erschaffen. Gemeinsam ist der weiblichen und der pflanzlichen Beilage, dass sie nur in Gegenwart des Eigentlichen vorkommen, im einen Fall des Mannes, im anderen des Schnitzels. Aus sich heraus ist die Beilage nichts. Den endgültigen Absturz ins Nebensächliche erlebte die Beilage in unseren Tagen: als Werbeeinleger in Zeitungen und Zeitschriften. Besonders zum Wochenende strotzen die Ausgaben von Möbelprospekten und Lidltiefpreisexzessen (haben Sie dieses Wort auf Anhieb richtig gelesen? Sehr gut!). Nicht so schlimm! Durch einmaliges Ausschütteln über der Altpapiermulde kann man sich von dem Müll befreien. Diese Praktik kennen natürlich auch die Beilagenproduzenten und haben sich eine neue Schweinerei einfallen lassen: Kärtchen oder DIN-A6-Prospektchen werden mittels außerirdischem Nasenschleim direkt ins Heft eingeklebt. Sollte man den Versuch wagen und den Beilagendreck von der Trägerseite lösen, reißt er garantiert ein Loch ins Papier. Nicht schade um die Werbung, aber auf der anderen Seite befand sich der hochinteressante Artikel über die Sexualpraktiken von Michel Friedman. Es ist ein stetes Ärgernis, auf die eingeklebten Heftchen zu treffen, der intergalaktische Popel lässt sich auch schwer von den Fingern lösen, hat man sich erst einmal dran verfangen. Die bisherige Poleposition des unnützen Beigeleges dürften die Anbieter für Internetzugänge einnehmen. Keine noch so unbedeutende Zeitschrift, aus der einem nicht ein umsonster AOL-Zugang auf CD entgegenfällt. Es wird immer schlimmer. Da ist es doch ein Trost, dass es auch Beilagen gibt, die wieder abgeschafft wurden – z.B. die Berlin-Beilagen der großen Tageszeitungen aus dem Westen. Es passte zwar zur Realität, aber wohl nicht zum Selbstverständnis der Berliner, zur Beilage degradiert zu werden. Das hätte man in Frankfurt oder München eigentlich wissen können.

Kuscheln mit dem Kompromiss
Paarungsverhalten im Herbst

Wenn das letzte Quartal des Jahres angebrochen ist, dann findet im Paarungsverhalten der Genitalstreuner eine Phase der inneren Einkehr statt. Hinfort sind die Blütenträume des Sommers, als alles möglich schien, die Sonne auch für die B-Ware ihren Liebreiz vergoss. Nun ist Nieselzeit, die sexuelle Begierde wandelt sich vom Voyeurismus zum warmen Rumgekuschel. Nicht die Augenweide ist jetzt angesagt, sondern der Heizkörper. So wird zwar im Frühjahr gern geheiratet, finden tun sich die Paare allerdings im Herbst, der Zeit des Realismus und der Illusion zugleich. Realistisch ist die Einsicht, selbst nicht eben zur genetischen Premiumklasse zu gehören und man deshalb auch in dieser, bitte schön, als Zuneigungsnehmer nichts zu suchen hat. Illusionen schafft das milde Licht des Herbstes, in dem der Partneranwärter nicht gar so zerschossen aussieht wie im grellen Sonnenschein des Sommers. Zudem bietet das lausige Wetter allerhand Argumente dafür, unvorteilhafte Körperregionen unter schwerem

Drillich zu verhüllen. Doch das ist nicht allein maßgeblich für den gesteigerten Paarungstrieb am Beginn der kalten Jahreszeit. Es ist vielmehr das archaische Bedürfnis, dem unwirtlichen Draußen durch die Nähe eines halbwegs sympathischen Körpers zu trotzen. Der eigenen Endlichkeit wieder mal bewusst geworden durch herabfallendes Laub und tote Katzen auf der Straße, erinnert sich selbst der hedonistische Großstadtsingle seiner Reproduktionspflicht. Ein geschlechtliches Gegenstück muss her, und wenn es auch nur dazu taugt, für ein paar Momente die neuesten Kapriolen der SPD zu vergessen. Kerzenschein und Kuscheln, eine DVD in den Player und sich aus der Kälte träumen. Wie einst im Pleistozän am Lagerfeuer, als die Wölfe durch den Nebel schlichen, zählt nur noch das Beieinandersein. Der Herbst ist die Zeit der Gerüche, des Tastens und Berührens. Das kalte und kritische Auge hat ein paar Monate Pause. Nur ihm ist es zu verdanken, dass überhaupt noch Paare zueinander finden in der Moderne, wo TV und Illu Reizauslöser-Standards vorgeben, denen 90 % der Bevölkerung nicht entsprechen. Der Herbst schenkt uns die Ursprünglichkeit zurück. Doch prüfe genau, wer sich jetzt bindet, auf was er sich einlässt, damit im Mai, wenn die Sonne angeht, kein böses Erwachen erfolgt. Aber was erzähl ich da, getrennt wird sich ja auch am liebsten in der dunklen Jahreshälfte. Aber das ist ein anderes Thema.

Preis der Freiheit
Gefahr von rechts

Jetzt drehen wieder alle durch, warnen vor den rechten Rattenfängern und beschwören den Schulterschluss der Demokraten. Denn scheinbar aus dem Nichts ist der alte Lindwurm im Landtag von Sachsen und Brandenburg aufgetaucht. Doch der rechte Bodensatz gehört zur Demokratie wie der Fußpilz zum Badegast: Man wird ihn nie wirklich los, kann ihn nur immer wieder zurückdrängen. Wer dem Volk die freie Wahl lässt, muss eben auch akzeptieren, dass es danach handelt: Fettsucht, Alkoholismus und NPD-Fraktionen sind der Preis der Freiheit. Weder durch Prügel noch gute Worte ist einem Fünftel der Bevölkerung die unsagbare Dämlichkeit auszutreiben. Sie sind weder in der Lage, ihre eigene Situation zu begreifen noch die erforderlichen Maßnahmen zu ihrer Verbesserung einzuschätzen. In Deutschland darf jedes Arschloch Auto fahren, jeder moralische Krüppel Kinder aufziehen, jeder Hanswurst Lehrer oder Politiker werden, da scheint mir doch ein Kreuz bei der NPD ein vergleichsweise harmloses Bekenntnis zur eigenen Doofheit. Man wird sich eh darauf verlassen können, dass vom politischen Establishment niemand daran denkt, die braunen Jungs an die Futtertröge zu lassen. Wenn diese Demokratie etwas kann, dann ist es, Neulinge zu desillusionieren. Am bundesrepublikanischen Föderalismus wäre Hitlers Ermächtigungsgesetz eher gescheitert als an der moralischen Integrität der Parlamentarier. Deshalb können sich die scheinheiligen Spendenritter und Verwalter »jüdischer Vermächtnisse«, wie es damals in Hessen hieß, die können sich den Schulterschluss der Demokraten sonst wo hinschieben. Finden wir uns einfach damit ab, dass der Fußpilz immer mal wieder durchbricht und die 15 % Vollidioten jeder Gesellschaft ab und zu in die Kabine scheißen. Verdient habens die so genannten Volksparteien allemal.

Lebensborn reloaded
Nachzucht

Alle Jahre wieder fällt dem Deutschen auf, dass es mit ihm zur Neige geht: Der Rangennachschub stockt, nur noch 1,3 Lebendgeburten zählt im Durchschnitt jedes Paar. Doch während die Unterschichtteilnehmerin einen schiefen Bankert nach dem anderen in die Welt wirft, ziert sich das Akademikerweibchen wie der Satan vor dem Katholen-Selters. Nun gibts gottseidank kein Problem in Dschömeni, auf dass die Schranzen in der Politik keine Antwort wüssten. Hier lautet sie: Zuchtprämie für Besserverdiener. Wenn das Sperma Früchte treibt in Frau Doktor drin, so soll sie reichlich beschenkt werden vom Vater Staat. Nicht den kargen Unterschichtslohn zahlt er ihr, sondern sattes Geld für Qualität. Denn Deutschland braucht nicht noch mehr PISA-Doofköppe, sondern Premiumnachwuchs, der im globalen Wettbewerb nicht sofort den Rechenschieber einzieht. Im edlen Brutkasten reifen deutsche Eierköppe, die's der Welt dann schon zeigen werden. Is doch mal 'ne sinnvolle Aufgabe für die studierte Frau ab 30. Da raubt sie den Männern wenigstens nicht den raren Job, vergammelt nicht ihr Leben mit Sinnsuche und Brigitte-Diät, sondern zahlt der Gesellschaft ihre Ausbildung in Naturalien zurück, pro vier Semester Studium muss ein neuer Deutscher fabriziert werden, sonst setzts was mit der Bafög-Rückzahlungskeule. Auch Stütze-Woman könnte ihre erhaltene Transferleistung auf diese Weise abkindern, müsste die Kleinen aus dem Nachzuchtbecken dann allerdings in betuchtere Obhut geben, damit nicht noch mehr Blödiane in den Schulen abhängen. Ein rechtes Familienprogramm wird aber erst draus, wenn auch die Hengste ihren Beitrag leisten. Jeder gezielte Schuss in den Unterleib gibt 'nen VW Golf als Lohn. Da freut sich dann auch der Papa über den kleinen Schreihals. Wenn somit dann die Nachzucht wieder angekurbelt ist, muss der Staat nur noch eines tun, um auch den Schlauen das Wirkungspoppen gänzlich schmackhaft zu machen: Er muss ihnen die Nervensägen beizeiten abnehmen, denn niemand produziert für einen Markt, den es gar nicht gibt.

Zwei, die sich mögen
Das Auto und der Tod

Mit dem Auto kann man sich und andere töten. Toll! Könnte man es nicht, würden die Brüder es konstruieren wie einen Videorekorder, oder schlimmer: wie einen PC – pfui Deibel. Nur die nackte Angst vor Schadenersatzklagen hält die Ärsche in den Konzernen davon ab, den nämlichen Murks auf den Markt zu werfen wie bei den stationären Geräten. Jedes Kreuz am Wegesrand, jeder Stau auf der Autobahn ist ständige Mahnung an die Konstrukteure, ihre perverse Fantasie zu zügeln. Drum kann man immer noch losfahren, ohne sich einzuloggen, drum dreht sich noch das Lenkrad wie vor hundert Jahren, und wenn man links blinkt, dann blinkt es einfach links und kein naseweises Stück Scheiße fragt einen: »Wollen Sie wirklich links blinken?« Autos töten Menschen, deshalb haben die Herren Superschlaumeier in den Konstruktionsbüros Respekt vor ihnen. Autos sind keine weibischen Daddelkisten, sondern Krieger draußen auf dem Felde des Teeres. Da geht dem Herrn Ingenieur der Stift, wenn seine Schräglenkerachse in der Kurve den Sittich macht. Und er schraubt heimlich den Chip wieder aus der Fahrwerkssteuerung heraus. »No Intel inside« heißt die Garantie für störungsfreies Autofahren. Doch leider geht diese Zeit ihrem Ende entgegen. Noch merkt man nichts von den kleinen Mistviechern, noch wirken sie im Verborgenen, in der Motoreinspritzung, beim ABS oder der Antischlupfregelung. Die Benutzeroberfläche des Pkw blieb bisher unangetastet, es gibt immer noch ein Lenkrad, Pedale, einen Schaltknüppel, das Zündschloss, und man guckt auch noch nach vorne durch die Scheibe, sozusagen live auf die Fahrbahn. Lediglich BMW montierte in seinem neuen 7er einen bekloppten Joystick, mit dem man auf einem Bildschirm rumfuhrwerken musste – bloß um etwa das Radio anzuschalten. Da tropfte dem Entwicklungsingenieur vor Entzücken das Sperma literweise aus dem blauen Kittel. Weniger dem Fahrer, der beim Versuch, das Radio zu bedienen, im ewigen Mittelwellenbereich seine letzte Ruhe fand. Die Verkehrstoten werden weniger von Jahr zu Jahr, und schon wird das verspielte Pack in den Entwicklungszentren übermütig. Muss erst wieder das Blut Tausender an den Chausseebäumen kleben, damit Bill Gates seinen kleinen Fettfinger von unseren Lenkrädern lässt? Die letzten Kumpels, die wir noch haben unter den Geräten, unsere Autos, sie verdienen Respekt, denn sie töten Menschen.

Es geht auch ohne Stalin
Die Vertriebenen

Das deutsche Wetter ist eine anerkannte Vorstufe zur Depression. Zwei Drittel des Jahres wäre die Kiemenatmung ein echter Evolutionsvorteil. Vier Monate lang aber ist es warm, das Zeug an den Bäumen ist grün, und manchmal sieht man Menschen auf den Straßen sogar lachen. Eigentlich Grund genug, im Biergarten Dauerquartier zu nehmen oder die Freibäder zu okkupieren. Was aber macht der Bundesbürger? Packt sein Geraffel zusammen und düst in die Sahelzone rund ums Mittelmeer. Weder Stau noch Pilotenstreik können die Vertriebenen in der Heimat halten. Zu Hunderttausenden verstopfen sie die Fluchtwege aus Kerneuropa, als sei die UCK hinter ihnen her. Haben die alle 'ne Macke? Oder ist der Deutsche charakterlich ein Reptil, das erst unter Sonneneinstrahlung zum Leben erwacht und in hektische Ortsveränderung verfällt? Zieht es den Deutschen womöglich wie den Aal zur Sargassosee in die Laichgründe seiner Vorfahren zurück? Dort wo Opa mit Rommel unterwegs war, treibt es auch den Enkel wieder hin? Zu erklären ist der sommerliche Büroabtrieb aber doch wohl eher aus dem Gefühl des Überdrusses in der Heimat als durch die Verlockungen der Ferne. Der Reiz fremder Länder besteht weniger in der Annäherung an ihre Kultur als im sich davon Fernhalten. Toll, mal drei Wochen unter Leuten zu sein, deren doofes Gelaber man nicht versteht. In den Zeitungen sind Personen abgebildet, die man noch nie gesehen hat, kein Schröder, kein Westerwelle, keine Jenny Elvers. Drei Wochen kann man Urlaub machen von diesem ganzen bundesrepublikanischen Schleim, der einem den Rest des Jahres die Synapsen verklebt. Scheiß was auf Zusatzrente und Ökosteuer, Ethikkommission und Nemax 50. Für einen kurzen Moment schweigt der Diskurs der Dämlichkeit, von dem wir zu Hause meinen, darum ginge es wirklich im Leben. Erst unter fremden Menschen, deren Probleme und Kultur einem piepegal sind und deren Idiom man erfreulicherweise nicht versteht, kommt so etwas wie Erholung auf. Selbst die weltweit verfügbare BILD-Zeitung wirkt unter südlicher Sonne wie ein Witzblatt aus Kaputtistan. Ein Urlaub in heimatlichen Gefilden ist dagegen wie Fernsehen auf der Terrasse: irgendwie nett, aber es kommt immer noch der gleiche Mist. Ewig aber lockt der Süden: Die sengende Hitze trägt das Ihre dazu bei, den Brägen zu sedieren, und wunderbarerweise sind die Alkoholika beim Spanier und Italiener nicht nur lecker, sondern auch noch spottbillig. Wer dann angesäuselt des Mittags in den lauwarmen Fluten rudert, ja der vergisst für kurze

Momente, wie seltsam entfremdet doch sein Dasein im fernen Germanien ist. Das Rätsel aber bleibt bestehen, wieso ausgerechnet im Sommer diese Flucht nach Süden einsetzt. Merkt der Deutsche plötzlich, wie unbeschwert das Leben sein kann, wenn die Sonne auch außerhalb des Fernsehers scheint? Will er dann auch den Rest der Nieselregenwelt nicht mehr sehen? Diese trübsinnigen Gesichter von Joschka Fischer oder Angela Merkel? Nix wie weg! Und je beschwerlicher die Anreise, desto wertvoller der Lohn. Wer einen halben Tag in siebzig Kilometern Stau zugebracht hat, dem erscheint Italien noch mal so schön. Passenderweise ist der Stau zumeist ja auch noch auf deutschem Boden. Und das Letzte, was die Vertriebenen sehen von ihrer Heimat, ist eine stinkende Autoschlange. Da fällt der Abschied auch bei gutem Wetter nicht schwer. Und der Lohn für nur zwei Wochen faul am Strand liegen ist gar fürstlich: So fanden Wissenschaftler erst vor kurzem heraus, dass dabei der IQ schon um zwanzig Punkte sinkt. Bestens gerüstet für den Tag der Heimkehr, der unweigerlich einmal kommt. Wie durch eine Druckausgleichsschleuse müssen dann alle erneut den Stau durchleben. Erst wenn sie in Stahlgewittern wieder zum normalen Deutschen wurden, halten sie die nächsten acht Monate Nieselregen durch, mit all den Nieselregendiskussionen über Dosenpfand und Pflichtfach Religion. Zwei, drei Wochen geht den Rückkehrern das alles noch gepflegt am gebräunten Arsch vorbei. Dann aber sind sie wieder ganz die Alten und regen sich tierisch auf über »die Aussetzung der Anpassung der Renten an die Erhöhung der Nettolöhne«, zum Beispiel. Willkommen zu Haus!

Rollkommando der Antifaschistischen Gummifetischisten, Ortsgruppe Schmalenbruch.

Gewusst wie
Überwintern nach Maß

Wenn die Tage trüber werden und sogar die Konjunktur das Laub abwirft, stellt sich wie in jedem Jahr die Frage nach der geeigneten Überwinterung. Der Betuchte flieht an tropische Gestade, den Benachteiligten hält es an der Scholle. Günstigstes Mittel, der winterlichen Depression zu entfliehen, ist der Austausch spärlicher Wohnungsbefunzelung. Denn dort, wo 100-Watt-Birnen erstrahlen, leuchtet selbst die triste Sozialschachtel in neuem Glanz. Wer dennoch nicht ganz so tief in die Tasche greifen will, kann sich für 5 EURO 50 'nen Kubikmeter Maurersand besorgen und über den PVC verteilen. Plastikpalme und Gartenliege drauf, fertig ist der Dom.-Rep.-Simulator. Hier kann man ganze Vormittage vertrödeln oder sich gegenseitig zu Aerobic animieren. Schlimmstes Handicap des Winters ist neben der schwächelnden Außenbeleuchtung ja die absurde Temperatur. Was läge da näher, als zumindest in der Wohnung den Thermostat aufzureißen, dass der Atommeiler den Husten kriegt. Aber nein, just diese kleine Annehmlichkeit will uns eigentlich jeder vermiesen. Bei wohligen 25 Grad die Fenster aufreißen, das ist politisch dermaßen unkorrekt wie Blondinenwitze reißen auf dem GRÜNEN-Parteitag. Dabei kosten die paar Kalorien vergeudete Heizleistung sicherlich weniger als die dadurch vermiedene Depressions-Therapie. Die Wintermonate, das wussten unsere Vorfahren weit besser, gehören der Wollust und Verschwendung als Ersatz für die nicht vorhandene Üppigkeit der Natur. In fernen Zeiten fraß man sich dreimal täglich durch den rosinengefüllten Kapaun, goss literweise Rebensaft durch die Gurgel und – so man noch die Kraft besaß – suhlte sich mit dem Galan oder der Mätresse auf dem sündigen Lager. Was ist davon übrig geblieben: Glühwein süppeln an der Gedächtniskirche, anschließend Schampinnionfanne. Und zu Hause wird die Heizung runtergedreht, weil ja zum Beispiel auch die Wirtschaft nicht so wahnsinnig boomt. So geht das nicht! Gerade in Zeiten der irrationalen Furcht vor Milzbrand und der weitaus rationaleren vor der Rezession, müssen wir die Schwarte krachen lassen: Blaumachen am doofen Arbeitsplatz, der sich sowieso bald in Richtung Polen verkrümelt, Saturnalien auf der Sitzecke, bis der Wohnungsnachbar die Schmiere ruft. Auf jeden Fall: die Heizung aufreißen, viel fressen, Energiesparlampen raus und die guten alten 100er-Glühbirnen in die Fassung gezergelt. Da scheinen die Bitternisse des Winters nur noch halb so schlimm. Als volkstümliches Antidepressivum bieten sich auch stets Nudeln und Schokolade an. Noch Monate von der nächsten Bikini-Diät entfernt, können wir den Ranzen zu ungeahnter Wölbung hochjubeln. Unter bollerigen Norwegerpullovern lässt sich so manche kulinarische Dauersünde tarnen. Bleibt noch der Trieb und seine Abfuhr als adäquate winterliche Beschäftigung. Sind wir doch mal ehrlich: In den Sommermonaten gibt es so viel Angenehmes draußen zu erleben, dass man vor lauter Grillen und Geplansche das andere Geschlecht kaum entbehrt. Erst das Verblühen der Blumenbeete ruft uns wieder das Eigene in Erinnerung, dem entgegenzusteuern sich der Sex geradezu anbietet. Wenn kein Outdoor-Fun mehr ablenken kann, wird der Körper des Mitmenschen zum angenehmen Surrogat. So wie der Hirsch erst im November zur Brunft auf die Lichtung schreitet, sollten auch wir das Leben mit dem oder der ganz anderen erst jetzt in Angriff nehmen. Ja, denkbar wäre sogar, die Zeiten der Zweisamkeit grundsätzlich auf die Monate Oktober bis April zu beschränken, wenn man sowieso nichts Besseres vorhat. Die Partnerschaft mit Saisonkennzeichen hätte sicherlich mehr Aussicht auf Bestand als der zum Scheitern verurteilte Dauerstress. Richtig durchdacht und optimal genutzt, bieten auch die dunklen Monate viel Vergnügen, wenn man sie nicht nur als Einschränkung begreift. Die Abwesenheit des Lichts lässt sich ebenso gut als Anwesenheit des Dunkels begreifen, und schon sieht alles gleich viel netter aus. Faulheit und Völlerei, Übermaß und Schwelgen regieren die Winterzeit, bis in den vorösterlichen Wochen der kirchliche Kalender erneut zur Bikinidiät aufruft. So gesehen verliert die Besinnung auf die natürliche Lebensweise ihren großen Schrecken.

Lebenslänglich lustig sein
Big Brother forever

Endlich, das käseköpfige Produzentengeschmeiß der Riälleti-Show Big Brother hat seine gesellschaftliche Verantwortung erkannt: Man darf die Arschgeigen nie mehr freilassen. Sie sollen nicht durch Dorf-Discos touren, keine Gurkenlaster umfahren und auch sonst der Öffentlichkeit fern bleiben. Niemand, der an einer Casting-Show oder Einsperr-

Serie teilgenommen hat, wird je wieder die Freiheit erlangen. Bravo, Big Brother, so soll es sein. Hoffentlich ziehen die anderen nach: die Alm, die Promibaustelle, der Tittenschnitzersaal – alle, die da vorkommen, bleiben auf ewig in Haft. Täglich grüßt das Murmeltier im Dschungelcamp, wenn Lisa Fitz zum tausendsten Mal in die Büsche kackt – oder war es Costa Cordalis? Im Fegefeuer ihrer eigenen Dämlichkeit soll jede Serie bis zum Tod der Inhaftierten fortgesetzt werden. Die greise Hella von Sinnen schleppt sich am Rollator ins Studio von Genial daneben und kreischt noch greisere Scherze in die Kamera. Die Qual hat nie ein Ende. Recht so! Ingolf Lück moderiert seine eigenen hundert nervigsten Moderationen der Neunziger. Stefan Raab muss in einer Jahrzehnte währenden Endlosschleife »Meine Damen und Herren« sagen. Und plötzlich macht Fernsehen wieder Spaß. Tag für Tag kann man dort beobachten, wie die Helden an ihrer selbst verschuldeten Unmündigkeit mehr und mehr zerbrechen. Big Brother sei Dank, wer ab jetzt einmal anheuert auf dem Fliegenden Holländer, wird für alle Zeiten als lebende Leiche über den Bildschirm segeln. Schon warnt die Kuschelsoziologie davor, dass die BB-Forever-Kandidaten nie mehr Fuß fassen könnten in der wirklichen Riälleti. Na und! Sollen sie doch auch gar nicht. Man muss ihnen nur vorher den Perso abnehmen, damit sie's auch gar nicht erst versuchen. Eigentlich ist es auch egal, ob wir alle demnächst in einer Fernsehserie leben werden. Ich zieh dann zu Lassie in den Studiowald, da muss ich mir nicht Big Brother angucken, ja, da gibts nicht mal ein Verblödungs-Endgerät. Wie schön!

Vorschau auf die zweite Wurmkur
Sterben als Event

Die Gesellschaft hat den Tod wiederentdeckt. Jahrzehntelang kümmerte er dahin im eignen Schattenreich zwischen Apparatemedizin und Leichenkeller. Sterben war ekelig und bestenfalls in jungen Jahren halbwegs chic. Ob Superstar oder nur Prolet – ab einem gewissen Stadium des Verfalls verröchelte der Menschenrest still und leis im Siechenheim. Das hat den Promi seit eh und je gewurmt, dass er wie Karl Arsch den Abgang macht. Wenn die eignen Lichter ausgehen, können die Scheinwerfer doch noch weiter brennen. Denn wirklich tot ist man erst, wenn man nicht mehr in der Glotze vorkommt. Die Hure mit dem Künstlernamen »Journalismus« ist immer offen für 'ne neue Schweinerei, und so stehen wir am Anfang einer Mediengroßoffensive: Sterben als Event holt den Tod in unsere Wohnzimmer zurück. Zuerst sind es nur die Reichen und Vielfachoperierten, die sich etwas mehr Klasse wünschen beim Meeting mit dem Sensenmann – und natürlich einen schlanken Vorschuss auf die Fernsehrechte. Allerdings schon sehr bald wandelt sich wohl auch die lahmende Quotenschlampe Big Brother zum Hospiz, und gespannt sind wir, wer zuerst den Supertoten sucht im Unterschichtfernsehen. Noch tarnt sich der lüsterne Blick aufs Sterbelager als Betroffenheits-Schalte zu den Überlebenden, präsentiert im seriösen Gewand der Öffentlich-Rechtlichen. Noch hat die TV-Verwertungsmaschine den Tod nicht als Quotenabräumer entdeckt. Wenn aber erst eine Leiche auf dem Bildschirm liegt, dann werden alle Schlampensender ihren eigenen Sterbecontainer aufreißen, B- bis Z-Promis teilen uns ihre Meinung mit zu den schönsten Leichen der 80er- und 90er-Jahre, und Freund Hein ist über Umwege in unser Haus zurückgekehrt. So schließt sich der Kreis abendländischer Todesverdrängung, und wenn wir demnächst den Löffel zur Abgabe vorlegen, dann werden uns die Angehörigen noch schnell ins Fernsehstudio schaffen, um unseren Tod hautnah im Wohnzimmer zu verfolgen.

Deutsche Helden
Heide Simonis

Der erste Tag nach dem Tag, an dem Heide Simonis merkte, dass sie nicht mehr Heide Simonis war, verlief für Heide Simonis wie in Trance. Immerhin hatte sie es noch geschafft, dreimal den Namen Heide Simonis in einem Satz zu denken. Langsam, sehr langsam kroch in ihr die Gewissheit hoch, dass sie ab heute ein Wesen von gestern ist. Der Tod ist ein Meister aus Kiel, murmelte sie vor sich hin, ja, das gefiel ihr, das würde sie heute auf der Pressekonferenz sagen. Das Einzige, was ihr noch blieb, war, ihren politischen Tod zu inszenieren. Dolchstoß, Meuchelmord, feiges Attentat waren die Vokabeln, die ihr in den Sinn kamen. Bevor die Menschen draußen im Lande merkten, dass sie nur eine eher schlechte Ministerpräsidentin, eine wichtigtuerische alte Schachtel und ein egozentrisches Weibsbild war, das viel zu lange an Posten und Macht geklebt hatte, vorher musste sie ihren Tod zur Legende gestrickt haben. Jahrelang war sie die obereinzigste Ministerpräsidentin in Deutschland gewesen, allein deshalb schon ein Ausnahmemensch, für den die irdischen Spielregeln der Demokratie nicht gelten. Welcher Hundsfott hatte es gewagt, eine geheime Abstimmung ernst zu nehmen und erstens tatsächlich abzustimmen und zweitens auch noch geheim zu bleiben. Charakterschwein, Heckenschütze, Verräter! Was bildete sich dieser gewählte Abschaum im Parlament überhaupt ein, Ihro Gnaden Heide Simonis das Zepter zu entreißen. Hatte sie nicht jedes Recht der Welt, weiter zu regieren? Was würde jetzt aus Schleswig-Holstein werden? Existierte dieses Land überhaupt außerhalb von Heide Simonis? Eine Stadt hatte man schon nach ihr benannt in grauer Vorzeit, sollte man nicht jetzt nach dem schmählichen Verrat dieses Regenloch an der Förde in Simonisstadt umbenennen? Nein! Das wäre zu wenig als Wiedergutmachung. Das ganze Land zwischen den Meeren sollte auf ewig seiner Schuld gedenken, die megaeinzigste Ministerpräsidentin der Welt verraten zu haben: Heide-Simonis-Land sollte es heißen auf alle Zeiten. – So mit sich und der Welt zufrieden, schritt Heide die Erste von Simonis hinaus in den nasskalten Vormittag. Leutselig klopfte sie ihrem greisen Chauffeur auf die gebeugte Schulter, ließ sich im Fond der Limousine nieder und fuhr in die Heide-Simonis-Kanzlei. »Pah«, sagte sie sich, »dieses Land ist es gar nicht wert, von der heidesimonigsten aller Ministerpräsidentinnen auch nur eine Sekunde länger regiert zu werden.«

Vollkommenheit um uns herum:

Als sich der Schöpfer das Design unserer Gesichter überlegte, war er sich der Gefahr wohl bewusst. Machte er sie zu schön, dann könnten wir nimmermehr den Blick voneinander abwenden und würden täglich gegen Laternenpfähle strauchen oder von Autos überfahren werden. Alle Menschen lägen sich in den Armen und küssten diese wunderbaren, ebenmäßigen Antlitze. Wo aber bliebe dann das Bruttosozialprodukt? In seiner unendlichen Weisheit verpasste der Schöpfer deshalb den meisten von uns eine blöde Fresse. So können wir getrost in der U-Bahn auf den Boden schauen, können uns der Arbeit widmen, statt fortwährend in Verzückung zu verfallen, wenn wir eines Nächsten ansichtig werden. Die blöde Fresse der anderen ist gleichzeitig ein Schutz vor übermäßiger Solidarität. Wir dürfen in Ruhe vor uns hin leben, ohne uns um das Schicksal all dieser hässlichen Gesichter allzu viel Gedanken zu machen.

Die blöde Fresse

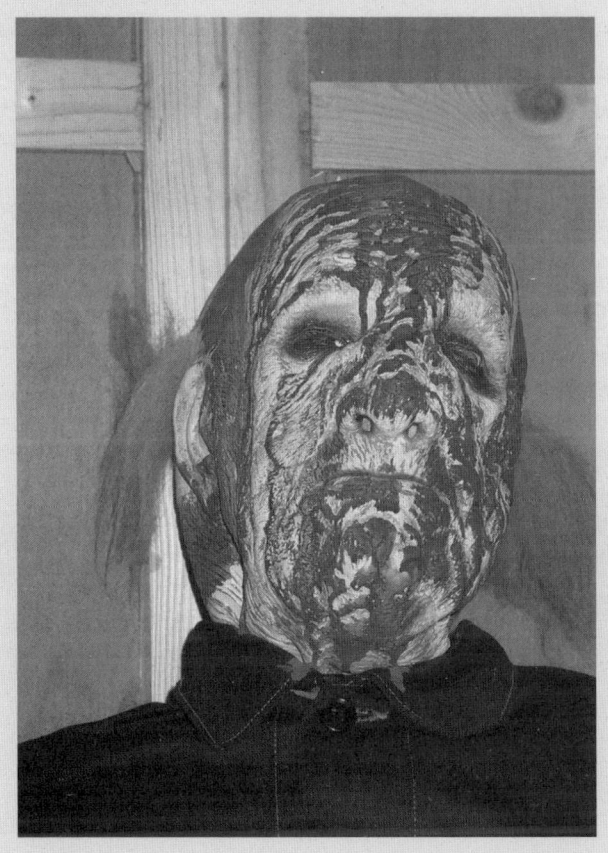

Hat sich was mit wireless
Kabel

Trotz W-Lan, Bluetooth, Airport und wer sonst noch durch die Bude funkt, hält sich das Kabel wacker im Bestand. Des Medienmenschen ganzes Bestreben geht dahin, diesem Ungeziefer den Garaus zu machen. Was hat er nicht schon alles versucht: Die Zwangsintegration in ein Gehäuse erschuf so alberne Kombiungetüme wie das Faxgerät samt Anrufbeantworter, Kopierer und Drucker, der gelbe Schlingel presste gar CD-Player, Radio, Kassettendeck, Lautsprecher und die eigene Vergänglichkeit in eine silbergraue Plastikbombe. Heute ist es das Handy, welches MP3-Dudler, Knipse, Personal Management Assistent und den Schwangerschaftstester in sich vereint – alles nur zu einem Ziel: der vermaledeiten Litze das Genick zu brechen. Keine Chance! Auch wenn der Rechner noch so viele Funktionen in sich vereint, unterm Schreibtisch windet sich noch immer der tausendfach verknotete Kupferwurm. Gleich wie man ihn dort installierte, nach wenigen Wochen ist daraus ein unentwirrbares Knäuel geworden. Es hat das Kabel das ihm immanente Bestreben, sich mit anderen seiner Sorte zu verwirren. Und wenn sich erst der Knoten im Fußraum gebildet hat, hilft kein Schwert, ihn zu zerschlagen. Mühsam will die ganze Schlangengrube ausgehoben sein, um überhaupt realisieren zu können, wer da mit wem die ganze Zeit kommuniziert. Verwirrung stiftet die ekelige Strippe nicht nur durchs Verknoten, sondern auch durch ihrer Stecker tausendfache Zahl: XLR, Chinch, DIN, SCSI und USB, Klein- und Großtuchel, TAE und Western-

Union, 1komma5 und 3komma5-Klinke, ja, und der beknackte Netzanschluss hat auch noch zehn verschieden große Löcher. Nur einer blickt heraus aus der Masse der verpolten Pimmel – es ist der Schuko-Stecker, Deutschlands Antwort auf den Multikulti-Irrsinn bei den leitenden Verbindungen. Der Rest der Bande erfindet sich mit jedem Kabel neu und freut sich diebisch, wenn Stecker und Dose einander wieder mal fremd bleiben. Passen sie dann überraschenderweise doch ineinander, so ists wie beim Geschlechtsverkehr: Hardware passt, Software stürzt ab. Es ist der einzige Trost, den wir haben beim Anblick der tausend Strippen unter unserem Tisch: Auch wenn sie fest verkabelt sind, verstehen sich die Geräte oft nicht besser als wir Menschen.

Frühkindliche Gefangenschaft
Babylon

Die Erinnerung eines jeden Menschen versagt, soll sie auf die ersten drei Lebensjahre zurückgreifen. Weshalb, was ist da an Ungeheuerlichem mit uns geschehen? Wir lagen wie ein gestrandeter Goldfisch auf dem Teppich, konnten nicht vor und zurück, weder denken noch sprechen. Speichelfluss und Kot machten mit uns, wann und was sie wollten. Über uns am Himmel ruderten große Kräne in den Wolken herum, manchmal beugten sie sich mit ihren Greifern herab und rissen uns in die Höhe. Die Kabine, von der aus sie gesteuert wurden, roch nach Nikotin oder vergorenem Rotwein. Daraus ertönte das immer gleiche Geräusch, das sich Jahre später als unser Name entpuppte. Uns blieb nur der verzweifelte Schrei um Hilfe, wenn wir von einem der Kräne in den vierten Stock gerissen wurden. Manchmal hielten uns die Ausleger minutenlang über schwindelerregender Höhe, bis wir uns vor Angst in die Zellstoffrüstung pissten. Dann brummte der Kran und warf uns auf eine eiskalte Teichfolie, riss die Rüstung herunter und fummelte mit nassen Lumpen zwischen unseren Genitalien herum. Am Ende der Prozedur schmierte er uns noch eine halbe Tube Gleitcreme vors Rektum. Dann wurden wir wieder in Pappe und Klebeband gefesselt. Oft blieb uns nur ein kirres Lachen der Verzweiflung ob dieser unausgesetzten Demütigung. Hatten wir Hunger, so war der markige Schrei die einzige Ausdrucksform, mit der wir etwas bestellen konnten. Weil wir weder »Fischstäbchen« noch »Cheeseburger als Sparmenü« sagen konnten, gab es immer nur das Tagesgericht: ein Jahr lang weiße Plörre aus den bordeigenen Tanks des Krans, danach Bananensperma oder Karottenausfluss als Zwangsernährung. Wir haben viel geweint in der Zeit. Wollten die Kräne ihre Ruhe haben, dann schnallten sie uns in kleinen Hochsitzen fest. Statt einer anständigen Flinte gab man uns aber nur bunte Klötze. Verständlich, dass wir diese lächerlichen Waffen sofort weit von uns schleuderten. Hier begegneten wir zum ersten Mal der Vergeblichkeit allen menschlichen Strebens: Sooft wir auch das Gerümpel wegwarfen, sooft wurde es von den Kränen apportiert und zur Wiedervorlage gebracht. Nach Stunden der Mühsal gaben wir schließlich auf und versanken in eine tiefe Verzweiflung. Im Traum gaben wir uns dann das Versprechen: Sollte diese Zeit der Gefangenschaft und Demütigung jemals zu Ende gehen, so würden alle Daten, die daran erinnerten, vollständig gelöscht. So geschah es dann auch, doch tief unten auf der Festplatte ruhen sie noch immer. Wehe dem, der aus Versehen das richtige Passwort eingibt: Babylon.

Deutsche Inseln
Kanaren

Bevor sich dem studentischen Flugteutonen die ganze Welt erschloss und er preisgünstig von der Karibik bis Sri Lanka den Ausstieg probte, waren für ihn die Kanaren Abhänginseln erster Wahl. Abbruch-Akademiker aller Fakultäten siedelten den Winter über im milden Klima vor Afrikas Westküste und ließen das heimische Bruttosozialprodukt einen guten Mann sein. Die einen betreiben auf Fuerte einen Surfbrett-Verleih, die anderen trommeln auf Gomera makrobiotisch um die Wette. Für jeden Durchgeknallten bieten die Kanaren eine adäquate Form der Hirnerweichung. Er träumt vom Ausstieg aus der Industriegesellschaft und ist doch selbst mittendrin. Denn gäbe es die Millionen normal Bescheuerten nicht, die ihm den selbst gefrickelten Plunder abkauften oder seine Atemkurse im Sandsturm besuchten, gingen beim Ausstiegsapologeten schnell die Lichter aus. Erst der Massentourismus macht das Retro-Leben als Althippie erträglich. Da sitzt er nun auf der Lavahalde Lanzarote, der

Insel mit dem architektonischen Charme einer Pennymarkt-Musterhausaustellung, und wähnt sich im Land des unbeschwerten Lebens. Doch wehe, die Nabelschnur nach Dschömeni reißt ab: Rente, Stütze, Krankenkasse machen ihre Schotten dicht – dann geht dem alten Zausel schon mal der Stift. Entweder fliegt er dann heim ins Land des Nieselregens und wird an den Strand der Versorgungssysteme angespült oder er vergammelt dekorativ unter südlicher Sonne. Seine Tage sind ohnehin gezählt, die Karawane ist längst weitergezogen, nach Phuket, Goa, Otaheiti, immer auf der Suche nach dem Sinn des Trommelns ohne Rhythmusgefühl. Zurück bleibt auf Gomera, La Palma und Fuerte der Aussteiger aus der Generation Kasten-Ente, selber allmählich zu tattrig, um noch aus Silberdraht Ohrringe für die Mastschweine auf Teneriffa und Gran Canaria zu biegen.

Einmaleins der Regierungsformen
Land der armen Schweine

Es gibt genau zwei Möglichkeiten, halbwegs glücklich durchs Leben zu kommen: Arschloch und Bekloppter. Das Arschloch surft auf den gekrümmten Rücken der Bekloppten durch den Alltag, die Bekloppten halten sich selbst für ganz ausgebuffte Arschlöcher, kommen aber gnädigerweise nie hinter die Wahrheit. Dazwischen wohnen die armen Schweine: zu schlau fürs permanente Delirium aus Glotze, Saufen, Knattern, zu menschenfreundlich, um die Niere der eigenen Frau bei eBay zu versteigern. Ihr ganzes Dasein ist eine einzige SPD-Reform: gut gemeint, scheiße vorbereitet, gnadenlos vergeigt! Das arme Schwein glaubt an die Beschließbarkeit des Guten durch Fingeraufzeigen, landläufig auch Demokratie genannt. Es vergisst dabei, dass ein Drittel der wahlberechtigten Biomasse aus nicht viel mehr als einem Verdauungstrakt besteht und ein Zehntel aus amoralischen Großhirnen, denen alle SPD-Ortsvereine, übereinander gestapelt, niemals das Wasser reichen könnten. Nun läuft die Arithmetik der gesellschaftlichen Willensbildung nach ganz einfachen Regeln: Verbünden sich die Drecksäcke mit den Bekloppten, entsteht so was wie der Nationalsozialismus oder artverwandte Terrorsysteme. Koalieren die armen Schweine mit den Bekloppten, wird daraus eine DDR, die von selbst zusammenfällt. Lediglich das Bündnis der amoralischen Hirne mit der Masse gut meinender Halbtrottel hat Aussicht auf Bestand. Als Arbeitstitel schlage ich für diesen Zustand den Namen »Bundesrepublik Deutschland« vor. Die Kunst der Politik ist es nun, die explosive Energie der Räuberhirne in den Gleichlauf eines Ottomotors zu verwandeln. Dazu bedarf es ein wenig mehr Fantasie, als sich das die pensionsgepamperte Leichthirngruppe in Berlin vorstellen kann. Symbol des kompletten Nichtverstehens war das Bündnis für Arbeit. Keiner der Teilnehmer interessierte sich für den Gegenstand der Gespräche. Die Arbeitgeber wollten logischerweise möglichst wenig Leute beschäftigen, weil die stinken und Geld kosten, die Gewerkschafter wollten nur ins Fernsehen. Das ist ihnen auch nicht vorzuwerfen. Wie man allerdings so naiv sein kann zu glauben, daraus entständen Arbeitsplätze, dazu bedarf es wahrscheinlich eines 14-semestrigen Pädagogikstudiums. Wobei wir beim Grundübel der hiesigen Willensbildung sind: Die tragenden Grundsäulen unserer repräsentativen Demokratie sind Lehrer und andere Beamte. Ihr zweiter Vorname ist Schisshase und ihre Heimat der Versorgungsanspruch. Ungeeignetere Menschen für jedwede politische Veränderung kann man sich eigentlich gar nicht mehr vorstellen. Nur für eines sind sie die Spitzenbesetzung: Ihnen tanzen sowohl die Arschlöcher als auch die Bekloppten auf der Nase herum. Und deshalb ist hier alles so schön in der Bi-Ba-Bundesrepublik.

So wie wir ihn sehen, den Tommy
Der Engländer an sich

Die Nordsee war jahrhundertelang der größte Freund des Mitteleuropäers, denn sie hielt den Tommy auf Distanz. Wenn er schon mal ein Schiff bestieg, so konnte er auch gleich den großen Törn hinlegen und den Neger oder Inder ausrauben. Die größte Seeräuberkolonie der Geschichte wird bewohnt von einem Menschenschlag, der – sofern männlich – aus blasierten Klemmschwulen besteht und – sofern neutral – aus hässlichen Stelzvögeln mit blaugefrorenen Beinen. Das was zivilisierte Völker unter einer Frau verstehen, gibt es dort überhaupt nicht. Die Inselwesen fressen Fisch aus alten Zeitungen, saufen schales Bier und sind neidisch auf die Deutschen, weil die den Nationalsozialismus erfunden ha-

Vierter Advent in der Schule für dyskalkulatorisch Hochbegabte. Der Direktor hatte die Situation gerade noch gerettet, bevor die Fotografen kamen.

ben. Um etwas von dieser faszinierenden Welt des cholerischen Schwachsinns nachzuholen, sind ihre Zeitungen voller Hakenkreuze und Blitzkrieggeschichten. Zur weiteren Volksbelustigung halten sich die Inselmenschen eine durchfaulte Familie aus pferdegesichtigen Hühnerfickern, genannt die Royals. Deren Leben ist so verstrahlt, dass kein Drehbuchautor der Welt es sich hätte ausdenken können. So träumte sich der Prinzregent als Tampon in den Muttermund eines hochaufgeschossenen Rottweilers hinein – darauf muss man erst mal kommen. Richtig stolz ist der Brite auf seinen Humor, man darf über alles lachen auf der Insel, wenn zumindest ein Toter dabei herauskommt. Niedergang und Verwesung sind die alltäglichen Freuden der Leute mit den roten Haaren. Seit einem halben Jahrhundert müssen sie erleben, wie sich das einst so stolze Empire in ein Drittweltland ohne Sonne verwandelt. Nicht mal mehr genug Sprit hat man, um die ferne Schwarzhaut oder den gelben Mann auszunehmen, deshalb unterhält der Tommy einen Kolonial-Erlebnispark in Nordirland. Hier wird noch richtig mit scharfer Munition geballert wie einst am Kap oder am Ganges. Und eigentlich ist es ja auch egal, ob ein Bantu oder ein Kathole den Löffel abgibt – Hauptsache er wird waidmännisch korrekt erlegt. Die Jagd nämlich ist der Upperclass schönstes Pläsir, da verfolgt man mit einer ganzen Kavallerieschwadron ein einziges Füchslein oder knallt aufgescheuchte Hühner ab. Weil es aber nicht genug Füchse und Moorhühner gibt auf dem kargen Eiland, muss der Tommy ab und zu in irgendeinen Krieg ziehen, damit die Lowerclass auch was vor die Flinte kriegt: Falkland, Balkan, Afghanistan oder der Irak – die Mohrenjäger haben immer ihren Spaß. Doch eins, das fuchst den Tommy ganz gewaltig: Drüben auf der anderen Seite der ekeligen Nordsee lebt ein Volk von Doofköppen, das ihnen nicht nur die durchgeknallten Windsors eingebrockt hat, sondern auch noch einen BMW-Motor in den Rolls-Royce. Nun ist aber Schluss, demnächst werden sie wohl uns überfallen, rein historisch gesehen wären sie mal dran.

Zeit der Illusionen
Zwischen den Jahren

Die Zeit rast dahin im Sauseschritt, gestern noch ein Kind und heute schon ein Greis. Nur einmal per anno, da scheint der Weltenlauf für einen Moment innezuhalten: Es ist die ominöse Zeit zwischen den Jahren – auf die sich alle Hoffnung der gestressten Menschen wirft. Ja, ja, da wolle man auf jeden Fall den liegen gebliebenen Beischlaf aus 2004 und 2003 nachholen, aber Hauruck-die-Hausfrau. Und die Steuererklärung, die könne man da auch endlich mal in Ruhe ..., den Keller aufräumen, die Fotos einkleben, das Kind entwurmen oder einfach nur mal in Ruhe ein gutes Buch lesen – ja, dafür sei endlich mal Zeit zwischen den Jahren. Das ungelebte Leben, der liegen gebliebene Krempel, die längst überfälligen Arbeiten: Alles drängt sich in die wenigen Tage zwischen Weihnachten und den Heiligen Drei Königen. Wen wunderts, dass sie dann noch ungemütlicher werden als der Rest des Jahres. Die hochexplosive Sozialgemeinschaft Familie ist zwei Wochen eingeschlossen im Kessel von Freizeitgrad. Jeder von ihnen wünscht sich, endlich mal was »für sich« zu tun – und dabei die anderen Arschmaden wenigstens 14 Tage lang nicht zu sehen, zu hören und zu riechen. Keine Chance! Das Rudel klumpt zusammen unterm Tannenbaum. Zu allem Übel schneit auch noch das Gengerümpel from the last Generation in die gute Stube und will Kuchen fressen, eklige Menschen, die einem der Satan in den Stammbaum geschummelt hat. So verstreichen die wertvollen Tage in sinnfernem Geplapper, verzweifelter Völlerei; und wäre da nicht der treue Alkohol, man schlüge einen von den Zeiträubern mit dem Kerzenständer tot. Am 6. Januar liegt da noch immer unangetastet die Steuererklärung, im Keller fault das alte Sofa, das gute Buch blieb ungelesen, der liegen gebliebene Beischlaf wurd' ins Frühjahr vertagt. Das war sie wieder mal, die Zeit zwischen den Jahren, Illusion einer Gesellschaft von Bekloppten, die zwischen sechstem Januar und Heiligabend auch nichts Besseres mit sich anzufangen weiß.

Fade-out mit Nudeln
Langer Abschied

Ein Abschied fällt schwer, aus dem Leben sowieso, von der Jugend, den Träumen, der oder dem Angeschmachteten – kurz von allem, was uns irgendwie bedeutend erscheint. Immer wenn wir ahnen: Das wars, das kommt nie mehr zurück, beschleicht uns die Wehmut. Sind allerdings bloß mal Klaus und Inge zum Abendessen da, erlebt das Abschiedsritual eine Ausführlichkeit, wie sie sonst der Deutsche nicht mehr kennt. Schluss gemacht in Beziehungsdingen wird längst per SMS, die Ehe endet oft mit einem gezielten Hammerschlag, das Berufsleben mit einer Dreiminuten-Audienz beim Chef. Doch wenn Klaus und Inge abends auf 'ne Schüssel Nudeln und 'ne Wodkaschorle da sind, dann zieht sichs Abschiednehmen doch beträchtlich in die Länge. Die erste Phase beginnt mit dem Satz: »Huch, ist schon halb zwölf, ich muss morgen früh raus!« Danach passiert anderthalb Stunden lang gar nichts. Gegen eins folgt Phase zwei: »Nu müssen wir aber wirklich!« Halbherzig und einem ungeschriebenen Gesetz archaischer Gastfreundschaft gehorchend, wird dem scheidenden Paar noch ein letzter Grappa angeboten. Mit dem ewig gültigen Merksatz über die Vorteile zweibeiniger Systeme in Bezug auf ihre Standfestigkeit wird noch ein weiterer Italofusel eingeschenkt. Phase drei des langen Abschieds folgt so gegen halber zwei. Klaus und Inge stehen mittlerweile doof in der Wohnung rum, die Gastgeber gähnen unverholen, Aschenbecher werden demonstrativ geleert, und in der Küche rumpelt der Geschirrspüler. Dies ist der beste Augenblick, um ein gänzlich neues Gesprächsthema zu lancieren. Klaus, vom zweiten Grappa jetzt komplett enthemmt, gibt nonchalant zu bedenken: »Warum nich mal welche von diese einfach mal den Kopp abschlagen, hahaha.« Sicherlich! Nachts um zwei mit zugedröhntem Schädel will die Diskussion über die Todesstrafe nicht mehr so recht in Gang kommen. Dennoch stehen vier Leute eine Stunde lang im Flur herum und lallen die Menschenrechte in Grund und Boden. Endlich Phase vier: Die Gäste sind hinausbugsiert, und das ungeschriebene Gesetz schreibt nun vor, sie noch zum Auto zu begleiten, zum Gartentor, jedenfalls dahin, wo's arschkalt ist. Die Gäste in warme Mäntel gehüllt, der Gastgeber in Schlappen und dünnem Pullöverchen – dumm wäre es, diese Situation nicht auszunutzen. So wird dem bibbernden Mann in feuchter Sandalette noch ein Kurzreferat über die reinigende Kraft des letalen Strafvollzugs aufgenötigt. Nur um nicht gänzlich festzufrieren, verrät der Gastgeber diverse Artikel des Grundgesetzes. Endlich um vier Uhr besteigt das Paar den braven Toyota, nicht ohne noch herauszubrüllen: »War schön bei euch, nächstes Mal kommt ihr zu uns!« Worauf du dich verlassen kannst, du Arschloch!

Danksagung an Deutschlands wertvollste Söhne und Töchter

Hella von Sinnen, Claudia Roth
Silvana Koch-Mehrin, Manfred Stolpe
Johann Lafer, Hera Lind
Lisa Fitz, Jürgen Peters
Tatjana Gsell, Ferfried v. Hohenzollern
Sabine Christiansen, Uschi Glas
Cherno Jobatey, Günther Jauch
Boris Becker, Kader Loth
Anouschka Renzi, Sissi Perlinger
Ben Becker, Dirk Bach
Sonja Zietlow, Lea Rosh
Tita v. Hardenberg, Eva Herrmann
Wolf Biermann, Frank Bsirske
Konstantin Wecker, Oskar Lafontaine
Marius Müller-Westernhagen, Vicky Leandros
Udo Walz, Thomas Hermanns
Andrea Nahles, Sahra Wagenknecht
Nena, Sigrid Skarpelis-Sperk
Irmingard Schewe-Gerigk, Anne Luetkes
Inge Wettig-Danielmeier, Ursula Engelen-Kefer
Désirée Nick, Michel Friedman usw. usf. …

Inhalt

Die Bekloppten

Guten Tag und auf Wiedersehen	7
Weltkulturerbe Betonmatte	9
Schwuppdiwupp, weg sind se	11
Ein deutscher Hoffnungsträger	12
Der Schlimmste aus dem dreckigen Dutzend	14
Zicken auf 230 Volt	17
Straßenbegleitimperative zum Kuscheln	19
Politisch korrekt saufen	22
Kühlregal der abgelaufenen Liebe	24
Wenn die Sprache Tollwut kriegt	26
Zeitgemäß angepflaumt	30
Riskant durchs Versagerland	32
Seniorenheim auf Rädern	34
Walhalla als Preview	37
Wenn der beste Freund schwul wird	38
Bevor irgendwas passiert	41
Kann man nix gegen machen	43
Die Entdeckung der Langsamkeit	44
Talente, die besser ungehoben blieben	46
Herpes, Warzen und …	49
Wanderpokale der Mittelschicht	51
Wenn fremde Texte angreifen	52
Wir erinnern uns	54
Gegen die Todessehnsucht der Brut	57

Komplett überschätzt	58
Vorschlag zur Güte	60
Nicht nur in Flensburg	62
Arbeitslos als Event	64
Ohne jeden Zuckerguss 1	66
Ohne jeden Zuckerguss 2	69
Das wurde aber auch Zeit	70
Unterm Rektum tut sich was	74
Neuguinea gleich um die Ecke	75
Es weihnachtet sehr	77
Schlecht kopierte Subkultur	80
Das Glas ist immer halb leer	82
Pubertät als Dauerzustand	83
Kabbalistik des Mechatronikers	85
Tanz um die Thermoskanne	87
Digitaler Dienstleister	88
Im Morgengrauen der Amtszeit	90
Lieblingsspruch der leeren Hülle	93
Tod eines Handlungsreisenden	94
Der Volkskörper	96
Gelogene Zahlen	98
Ort der Verzweiflung	100
Maßeinheiten der Medien	103
Ein Halbgott wird gestürzt	104
Irgendwo der Beste sein	106
Surrogate des Staunens	108
Heldin der Sozialen Gerechtigkeit	109
Retrogesöff der Schnullis	112
Volk ohne Lied	114

Neues Versagen im Schritt	115
Sommer in der Stadt	117
Existenzgründer im Nanobereich	118
Wenn die Kerze nicht mehr brennt	120
Abschied vom Kotzen	123
Älter werden bringt nichts mehr	125
Sie haben dieses Buch gelesen! Warum?	127

Die Bescheuerten

Vollzeitjob Verbraucher	137
Abgebrochene Krone der Schöpfung	138
Rückzug des Privaten	140
Megastress, wenns schöner wird	141
Neue Räude bei den Rangen	144
Auch welche, die nerven	148
Standort Deutschland	149
Zwei, die sich nicht mögen	155
Motor der Gesellschaft	157
Kurz vor der Menschwerdung	158
Deutsche Inseln – Mallorca	160
Nicht mal das können se	163
Auch Zyniker haben ihre Helden	164
Aschermittwoch	166
Heimatgefühle auf Darm gezogen	168
Sex in der Öffentlichkeit	172
Arschgeburt der Medienwelt	173

Verpissen gilt nicht	176
Kulturverlust Werbepause	177
Sie lauern dir auf	179
Southern Mobbing …	180
Heldengedenktag des toten Mannes	182
Was andere über uns denken	183
Staatsreligion der Doofen	184
Stammesrituale der Gegenwart	188
Spitzenforschung am Verschluss	190
Deutsche Inseln – Sylt	194
Deutscher Sommer	195
Unternehmen Overlord, mindestens	197
Selbstgefällige Plattitüde	199
Vier Ziffern für ein Halleluja	201
Wörterbuch des Schulterschlusses	203
Gierige Promis	204
In der Ethikkommission	208
Selbsternannte Ureinwohner	211
Daddeln plus Didaktik	212
Wo die Sonne niemals aufgeht	214
Das fetzt wie Harry	216
Die Reform der Reformen	217
Wenn der große Bruder selber spricht	220
Placebos aus dem Pupsi-Markt	221
Deutsche Inseln – Jamaika	226
Von der Frau bis zum Prospekt	227
Kuscheln mit dem Kompromiss	229
Preis der Freiheit	231
Lebensborn reloaded	232

Zwei, die sich mögen	233
Es geht auch ohne Stalin	235
Gewusst wie	239
Lebenslänglich lustig sein	241
Vorschau auf die zweite Wurmkur	243
Deutsche Helden – Heide Simonis	244
Hat sich was mit wireless	248
Frühkindliche Gefangenschaft	249
Deutsche Inseln – Kanaren	251
Einmaleins der Regierungsformen	252
So wie wir ihn sehen, den Tommy	254
Zeit der Illusionen	257
Fade-out mit Nudeln	258

Neue Geschichten aus der bekloppten Republik

Dietmar Wischmeyer

DEUTSCHE SEHEN DICH AN

Reise zu den Quellen des Irrsinns

ISBN 978-3-548-37390-4
www.ullstein-buchverlage.de

Wie schmeckt getoastetes Analogfleisch? Was zum Teufel ist Casual Dating? Wann kommt der Impfstoff gegen die FDP? Und gibt es mich selbst auch als App auf dem iPhone? Dietmar Wischmeyer beantwortet in seinem neuesten Buch lauter Fragen, die so bislang niemand gestellt hat. Eine gnadenlose Bestandsaufnahme des täglichen Irrsinns, die zeigt, in welchem Land wir wirklich leben.

»Wischmeyer benutzt das Florett wie einen Vorschlaghammer – und umgekehrt.« *Jürgen von der Lippe*

»Schwarzhumorig, wortgewaltig und liebenswert subjektiv!« *Hans Werner Olm*

Eine Hommage an das lustigste Volk der Welt: die Deutschen

Oliver Kuhn / Michaela Moses

DEUTSCHLAND EINIG DEPPENLAND

Wie doof die Deutschen wirklich sind

ISBN 978-3-548-37343-0
www.ullstein-buchverlage.de

Deutschland ist ein saukomisches Land. Hier antworten Kandidaten in einer Quizshow auf die Aufforderung: »Nennen Sie einen Schweizer Kanton!« mit »Ich weiß zwar nicht, was es ist, aber ich sag jetzt mal: Polizist.« Hier gelten Anordnungen wie diese: »Besteht ein Personalrat aus einer Person, erübrigt sich die Trennung nach Geschlechtern.« Und hier benötigen Menschen Hinweise auf einem Pfefferspray wie »Bitte nicht ins eigene Gesicht sprühen«.
Dieses Buch versammelt unseren kollektiven Irrsinn aus 60 Jahren. Denn die witzigsten Geschichten schreibt immer noch das Leben.

»Dieses Buch hat sehr lustige Inhaltsstoffe.«
Stefan Raab